"海洋梦"系列丛书

情天恨海

海难

"海洋梦"系列丛书编委会◎编

合肥工业大学出版社
HEFEI UNIVERSITY OF TECHNOLOGY PRESS

图书在版编目（CIP）数据

情天恨海：海难/“海洋梦”系列丛书编委会编．—合肥：合肥工业大学出版社，2015.9（2021.6 重印）
ISBN 978-7-5650-2403-0

Ⅰ．①情…　Ⅱ．①海…　Ⅲ．①船舶遇难—世界—普及读物　Ⅳ．①U676.8-49

中国版本图书馆 CIP 数据核字（2015）第 209747 号

情天恨海：海难

“海洋梦”系列丛书编委会　编　　　　责任编辑　张　慧

出　版	合肥工业大学出版社	版　次	2015 年 9 月第 1 版
地　址	合肥市屯溪路 193 号	印　次	2021 年 6 月第 3 次印刷
邮　编	230009	开　本	710 毫米×1000 毫米　1/16
电　话	总　编　室：0551-62903038	印　张	12.75
	市场营销部：0551-62903198	字　数	200 千字
网　址	www.hfutpress.com.cn	印　刷	安徽芜湖新华印务有限责任公司
E-mail	hfutpress@163.com	发　行	全国新华书店

ISBN 978-7-5650-2403-0　　　　定价：35.00 元

目　录

情天恨海——海难

第一章　触礁撞冰——头破血流的海难

第二章　诡异——神秘莫测的海难

第三章　风浪——惊心动魄的海难

第四章　火灾与爆炸——烈焰中的海难

第五章　碰撞——最常见的海难

第六章　战争——最悲惨的海难

第一章
触礁撞冰——头破血流的海难

当一部《泰坦尼克号》风靡整个世界的时候，你是否也曾为它悲惨的命运惋惜呢？其实历史中还有很多和它同样命运的船舶，因触礁撞冰而沉没，在茫茫而无情的大海上，让出发时的欢愉和生命一同消失了……

“泰坦尼克”号的沉没

1912年4月15日午夜，一艘豪华巨轮在一派喜悦的气氛中沿着大西洋北岸高速驶往纽约。头等舱的达官贵人，三等舱的平民百姓都快乐地沉浸在自己的天地中。突然一声巨响，豪华巨轮撞到了冰山上。船长立即命令船员们将所有机器立刻开到“全速返回”的挡次，但是一切都已经晚了，晶莹剔透的坚固的冰山已经将巨轮划开了一条长达90米的大裂缝，刺骨的大西洋海水瞬时汩汩地沿缝而入。一切紧急的营救措施都赶不上海水涌入船舱

浪漫的《泰坦尼克号》剧照

的速度，4个小时以后，这艘号称“大西洋女王”的巨轮——“泰坦尼克”号沉入了冰冷的大西洋海底，在1308位乘客和1898位船上工作人员中，共有1503人遇难，仅703人获救。“泰坦尼克”号长眠于海底，它的处女航也成了自己的“末班行”。

你知道吗

“泰坦尼克”号的含义

“泰坦尼克”号为Titanic常用的翻译，Titan是希腊神话中的泰坦星，象征着力量和庞大，ic是白星公司船名专用后缀，我国港澳台、广州及新加坡等地译为“铁达尼”号。“泰坦尼克”号海难为和平时期死伤人数最惨重的海难之一。

1912年4月10日，整个南安普敦港沸腾了，整座南安普敦城沸腾了，人人欢欣鼓舞，赶往海边观看世界巨轮的起锚。远航的人们精神焕发、神采飞扬，送行的人们频频招手、不断祝福，看热闹的人们心情激动、兴奋异常。市长、轮船公司经理和整座城市的市民纷纷聚集在南安普敦码头，为“女王”饯行。船上船下欢声一片，彩旗招展，热闹异常。

威风凛凛、昂然前行的“泰坦

沉没中的“泰坦尼克”号

尼克”号于4月14日靠近了北美大陆，即进入了多冰的北大西洋危险海域。辽阔的洋面上，放眼望去，一座座晶莹无瑕的冰山在阳光的普照下显得亮丽剔透，并随着波浪飘移浮动，要不是它的强大的破坏力，的确是一道独好的风景。站在甲板上观光的旅客也发现了这道亮丽的风景，禁不住欢呼雀跃起来。这时候富有经验的老船长约翰已经明白了巨轮所处航线的危险性，立即命令道：“舵手听令，将航线向南偏行。”“泰坦尼克”号的航线开始南偏，向东南方向航行。离开冰山区的游轮前行速度显得不那么吃力，以每小时21海里的速度向目的地航行。一切与往常一样，船舱里洋溢着欢快的气氛，唯一令值班人员觉得不能忍受的就是，空气中的温度仿佛越来越低，值班的哨兵一边四处走动一边观察着前方的航线。突然，透过浓浓的黑雾，他发现了前方的冰山，这座巨大的冰山在漆黑的海面上显得有些刺眼。“不好，这么近的一座庞然大物，按常规慢慢转行，显然会让全船的人丧生海底。怎么办？”在危急时刻，哨兵立即发出警报，听到警报后，各个机器前的工作人员即刻扭转航向，就这样，“泰坦尼克”号陡然转变方向。惊慌过后，哨兵定眼看时，发现这一紧急转弯，刚好避开了从“泰坦尼克”号旁边漂浮而过的一座高出洋面300余米的冰山。“噢，上帝，真是万幸。”哨兵望着眼前的庞然大物，长长地舒了口气。这时是1912年4月14日晚10时20分，轮船正航行在加拿大纽芬兰岛外侧大浅滩以南约152.89千米处。

“上帝，好险啊，密切注意前方，一发现冰山及时汇报。”船长眺望着北大西洋漆黑宽阔的洋面，对站在旁边的哨兵说道。“是，阁下，我一定会的。”哨兵做了一个立正的姿势，回答道。突然，船长听到船底发出一种异样的颤动声，这种声音对于站在甲板上的人来说，几乎听不到，如果没有经验或不仔细检查，根本不会觉得异样。船长说了句“糟糕”，立即往船的下层奔去，工作室一间间地检查，当他经过主机房时，那种声音顿时变大。密封舱外，船长惊恐地发现，船上的16

沉没前的“泰坦尼克”号

个密封舱内，已经有5个灌满了水，“泰坦尼克”号的安全程度是4个密封舱灌满水不会下沉，显然游轮的处境已经非常危险。这些水是从船体右侧的一条长约91米的巨大裂缝涌入船舱的，“泰坦尼克”号根本没有撞上冰山，怎么会有这么巨大的裂缝？难道船身的质量出了问题？当然不是。原来冰山从“泰坦尼克”号身旁漂移而过时，隐藏在海面以下的部分已经狠狠地撞到了船身。“大西洋女王”正在迅速下沉，所有的抽水泵一齐发动也来不及将涌入的水抽出去，情况非常危急。船长愤怒地奔往机要舱，通过无线电向外发出遇难求援信号——“SOS”，这是1908年刚在国际上达成的一致呼救信号。当时离“泰坦尼克”号最近的是约32千米以外的一艘名叫“加利福尼亚人”的荷兰轮船公司的客轮，可是由于当时船上没有报务员值班，没有收到“泰坦尼克”号发出的求救信号，而是继续自己的航行。

当船上所有的工作人员进入警备状态，采取各种各样的紧急救援措施时，而乘客们依然悠然自得地做着各自的事情。当乘客们兴趣盎然地沉浸在欢乐中时，传来了一阵低沉、紧促的弃船警报声，接着，船长那沉痛而又充满歉意的声音传入了巨轮上每个人的耳膜：“各位，‘泰坦尼克’号正在往下沉没，尽管我们采取了各种救援措施，但却无济于事，所以我们现在只能弃船逃生。可现在的问题是，船上的救生艇只能拯救不到一半的乘客，我们周围也没有其他的可以搭乘的船只。我们中的大多数只能在几个小时以后随同‘泰坦尼克’号一起沉没……”孩子的哭叫声，老人的求救声，妇女的呼喊声，人们杂乱的脚步声混在一起，整条船陷入了恐慌之中。

船长命令：“所有的工人都到主甲板集中，谁乱跑就枪毙谁！”“所有的男人立即行动起来，帮助妇女、儿童和老人上救生艇。将救生衣先让给老弱病残……”船员们爬上高高的扶梯，解下缆绳，稳稳地放下一个又一个救生艇。妇女、儿童、老人一个个地被扶进救生艇，在这生死攸关的时刻，每一位有人性的善良的人都显得很有君子风度。许许多多的人没有哭喊、没有咒骂、没有怨天尤人，而是镇静而安详地面对着从天而降的大祸。他们将别人的老人和妻儿、自己的老人和妻儿井然有序地送上救生艇，站在船头，望着他们渐渐地远去，脸上显出一副安详恬静的表情，没有一丝一毫的怨恨和不满。

船上所有的工作人员都不得上救生艇，必须与“泰坦尼克”号共存亡。一位站在甲板上的无线电报务员正等待着那悲壮时刻的到来，发现人们正设法将一艘救生艇推入海中，可是所有的人显得毫无经验，

行驶中的“泰坦尼克”号

束手无策，他急忙跑过去帮他们，恰在这时，一个巨浪猛拍过来，整条救生艇立即被吸入海中。当紧紧抓住桨扣环的电报员睁开眼睛时，发现自己被反扣着盖在船下面，救生艇被打翻了，底朝天在海上漂浮着。他感到呼吸越来越困难，于是狠命地向不远处的另一艘救生艇游去，这时有人从船上伸出手拽住了他，他被救了上来。最后一艘救生艇也被放入了海里，逃离险境的人不到全体人员的1/3，余下的1500多人静静地等待着决定命运时刻的到来。

你知道吗

电影《救生艇》的创作来源

《救生艇》这个剧本是希区柯克和妻子阿尔玛一起原创的，创意来自报纸对盟军船只沉没的报道。该片拍摄于第二次世界大战战况最激烈的时期。它是一部颇为成功的影片，对人性的善恶有着深入的描绘，同时也把处于战争状态下那种人类的热情和偏见表露无遗。

1986年，人们捕捉到了躺在海底的“泰坦尼克”号的信息，轮船的船首与船尾在沉没时被折断了，两部分相隔600米。

“印迪吉尔卡”号搁浅始末

1939年12月，是个严冬。“印迪吉尔卡”号客轮于12月8日从纳加耶夫起航，驶往符拉迪沃斯托克。该船共载有1500余名乘客。

途中，轮船连续数天遭受暴风雪的袭击，惊涛骇浪不时铺天盖地地压向轮船。剧烈的颠簸使船上的人们吃不好饭，睡不着觉，个个精疲力竭，无精打采。为了使轮船顺利到达目的地，58岁的船长尼古拉·拉夫连季耶维奇·拉普申和他的40名船员一道，与肆虐的暴风雪展开了殊死的搏斗。

12月11日夜晚，轮船驶入宗谷海峡（拉彼鲁兹海峡），当时海面风力高达11级。在风暴暂停的间隙，值班人员看到了阿尼瓦灯塔上的灯光。通过阿尼瓦灯塔后，轮船便驶入了卡曼奥帕斯内斯蒂岛。殊不知，这却是北海道的宗谷灯塔发出的亮光。

由于航海人员在风暴中方位判断失误，“印迪吉尔卡”号在北海道北海岸附近——距宗谷灯塔10海里处触礁。霎时，轮船一侧出现裂缝。虽然轮船在海浪和风暴的作用下脱离了暗礁，但最终还是在距离海岸700米的浅滩搁浅。情况万分紧急，“印迪吉尔卡”号迅速发出“SOS”遇险求救信号。但随着轮船的逐渐下沉，无线电发射机也停止了工作。轮船与外界的联系完全中断。

你知道吗

SOS

SOS是国际莫尔斯电码救难信号，并非任何单字的缩写。鉴于当时海难事件频繁发生，往往由于不能及时发出求救信号和最快组织施救，结果造成很大的人员伤亡和财产损失，国际无线电报公约组织于1908年正式将它确定为国际通用海难求救信号。这三个字母组合没有任何实际意义，只是因为它的电码“···———···”在电报中是发报方最容易发出、接报方最容易辨识的电码。

事发后，船舱大量进水，大多数旅客和船员被泡在水中。慌乱之中，人们纷纷从舱室里搬出衣服被褥，向上甲板集中。男性自觉组织起来用衣被和自己的身体筑起一道保护墙，阻挡海浪和刺骨的寒风对

肆虐的海洋风暴

妇女和儿童的侵袭。刺骨的寒风，冰冷的海水，漆黑的夜色，汹涌的海浪，所有这些都给救生工作带来很大的困难。

随着船体的下沉，机舱进水，轮机停转，全船灯光全部熄灭。此时，任何旅客都不可能单独离船逃生。当然，在拥挤底舱的犯人们想求得一条生路就更困难了。这时船长急中生智，果断下令在船底凿洞，用粗绳将底船的乘客吊上来，然后，再把他们送到没有被海水淹没的船舷一边。人们在船舷边上系了一根粗缆绳，只要抓住这根缆绳，就能站稳脚跟。

为了向岸上求援，船长决定由身强体壮的木工维克多·桑德勒和其他9名船员乘小艇登岸。人们费了九牛二虎之力，才把小艇放入水中，但随即它就陷入漩涡。几经周折，小艇总算驶到日本北海道岸边，可是当即有5名海员被风浪卷走。当幸存者们踏上海岸时，个个都已精疲力竭。他们拖着疲惫的身体，在一片漆黑中找到了附近的一家渔民小舍，费了很大力气，才使屋子里的日本渔民明白海上发生的一切。

与此同时，船体的倾斜度正在不断地增加。船长决定把最后一艘乘载10人的小艇放入海中，驶向岸边。小艇刚刚离开大船，4名海员就被海浪卷走。最后只有2人艰难地到达海岸。

在这起海难中，船长自始至终

没有风暴的海面

镇定自若,表现出高度的应变能力。他努力使轮船尽可能缓慢下沉，争取时间，想尽一切办法挽救船上的落难者。但疯狂的暴风雪一刻也没有停止。这时，船上的人们不仅要克服寒冷，还要与疲劳做斗争。船长明白，救护的重点应该是妇女和孩子们。为了尽快和岸上取得联系，在黑暗之中，人们在船上燃起了火堆。岸上的人们发现后，也立即燃起了火堆，以示回答。

当时正值第二次世界大战开始，日苏关系十分微妙，所以，如何救援苏联人，着实使当地的日本居民犯难。当5位落汤鸡似的俄国大汉深夜闯入一个普通的日本渔民家里时，那个渔民手足无措，不知如何是好，他不得不向住在附近的警察报警。警察深知事情复杂，不敢擅作主张，在向上级报告的同时，建议立即派遣救生船前去营救。稚内市警察局局长面对这一棘手问题，进退维谷。一方面，救生艇不能不派，虽然这几乎意味着让自己的部下去送死；另一方面，他确实不愿意去拯救敌国遇难者。他斟酌再三，还是决定先派一名视察员和三名随员前去调查情况。

黎明时分，轮船侧倾在海水中。可怜的人们聚集在船的一侧，一面呐喊求救，一面接受着海浪无情的袭击，形势十分严重。然而附近的村庄又没有大船。当地居民们面对这些落难的人们确实无能为力，只能眼睁睁地看着被海浪推过来的死尸。在无计可施的情况下，村民们只好决定把一条小船推下海。然而，渔船刚刚解缆,巨浪就将它颠覆了。

村长和当地官员决定成立一个救难指挥所。许多渔民自愿打捞尸体，为幸免于难者包扎伤口，喂汤喂饭。

12月12日下午4点，日方向驻东京的苏联大使馆通报了“印迪吉尔卡”号遇险的消息。此时，轮

日本北海道

船上的情况已到了十分危急的关头。由于海浪一个接一个地冲击，“印迪吉尔卡”号侧倾更加严重，船上的人们开始作最后的挣扎。

这时，日本渔民又弄来一艘小渔船。自愿救难的渔民想尽一切办法试图接近“印迪吉尔卡”号，但海浪再一次将渔船掀翻。

直到此时，稚内市警察局的人员才带着一名医生和数名翻译姗姗赶来。他们最终决定：立刻组织救难工作。12 月 13 日凌晨 2 点，3 艘从稚内港驶出的日本轮船赶到遇难地点。救难队员们不顾生命危险，设法拯救船上的幸存者。到 12 月 13 日下午 1 点，共救起 395 人。与此同时，岸上日本渔民彻夜未眠，有的打捞死尸，有的抢救神志不清者。许多渔民从家里拿来棉衣棉裤，换下幸存者那湿透的衣衫。

此后，402 名生还者被送到稚内市，乘日本的一艘轮船，于 12 月 14 日零点 30 分抵达日本小樽。他们又从小樽搭乘苏联“伊里奇”号船返回祖国。

美舰队鱼贯触礁

1923 年 9 月 1 日，日本关东地区发生了震惊世界的大地震，死伤及失踪人数达 15 万人，财产损失近 100 亿日元。一个星期后，在太平洋彼岸的圣弗朗西斯科（旧金山）附近海域，美国太平洋舰队 7 艘驱逐舰在几分钟内相继对着海岸礁石撞击。这究竟是怎么回事？二者之间有无联系？

美国太平洋舰队所属的第 11 驱逐舰战队基地位于圣地亚哥。该战队奉命参加了华盛顿州沿岸的军事演习后，停泊在圣弗朗西斯科港进行休整。

9 月 8 日 7 时，第 11 驱逐舰战队离港起航返基地。当时天空晴朗，天气温暖，海面风平浪静。出港后，战队以旗舰“DD–261”为前导，按战斗编组第 31、32、33 驱逐舰大队的序列，成单纵队编队航行，编队航向 160°，航速 20 节。8 时 30 分海面出现薄雾。中午以后，航区海雾越来越浓，视程下降到 1 海里以内。为准时到达目的港，舰队司令

美国旧金山景色

詹姆斯令后续各舰加强瞭望，缩短舰距，航速仍保持 20 节。

当时，美国海军舰艇在近岸的雾中或夜间航行是靠无线电测向仪定位，即在沿岸突出位置建有许多测向站，根据海上舰艇发出的无线电波，来测定其方位，再将测得的方位定时通报给海上舰艇。海上舰艇根据临近两个或三个测向站通报的方位标绘在海图上，相交点即为自己船位。但由于换算的原因，个别测向站常常将方位通报相反，即相差 180°。

黄昏时刻，第 11 驱逐舰战队高速接近阿鲁古埃劳岬。18 时 13 ~ 48 分，阿鲁古埃劳岬测向站向战队旗舰三次通报其方位为 320°。此时，如果有两个测向站通报方位，两方位线的交点即是战队舰位，可该区只有一个测向站，根据推算，舰位离阿鲁古埃劳岬很远。因而，詹姆斯没有下令转向，仍按原向原速航行。

恰巧，下午一艘汽船在圣巴巴拉海峡触礁，有关救助的无线电报很多，从 18 时 30 分至 20 时 25 分，阿鲁古埃劳岬测向站的电波受到严重干扰，战队在 2 个小时内没有收到测向站的通报方位。20 时 30 分旗舰航海长依据推算舰位，认为本编队已通过了阿鲁古埃劳岬，建议舰队司令按计划转入新航向，詹姆斯没有理睬。

20 时 35 分，收到测向站发来无线电信号，通报其方位为 168°，旗舰指挥员都认为战队已通过阿鲁古埃劳岬。然而，20 时 39 分和 58 分时，测向站通报的方位却是 330°

海岸礁石

和 323°，由于短时间内通报相差太大，詹姆斯未经慎重考虑就否定了后两次通报。

21 时，詹姆斯命令全战队跟随旗舰依次转向原计划的航向，并强调各舰要保持好队形。

转向后，大雾越来越浓，视程小于 100 米，除本舰外，前后舰只好像消失了，后续舰只得听其前导舰的信号，跟随前导舰的浪迹航行，航速仍为 20 节。

21 时 05 分，旗舰轰然一响，触到阿鲁古埃劳岬西北角的礁石上。随即，舱室进水，主机停车。接着，第 33 驱逐舰大队的“DD-310”号、“DD-312”号、“DD-309”号、“DD-311”号、第 31 驱逐舰大队的“DD-300”号、“DD-296”号鱼贯式地触到礁岩上。由于航速高，距离近，一旦发现前导舰触礁，想规避或倒车都来不及了。据现场记录，继旗舰触礁之后，大约每 45 秒钟就有 1 艘后续驱逐舰触礁。一时间，官兵们惊得目瞪口呆，不知所措，2 分钟后，才见旗舰鸣笛示警，通知后续舰停车。幸好后续 8 艘舰拉开了一段距离，加之触礁舰发出了惊人的汽笛声，知道情况不妙，慌忙停车、倒车，才避免了全战队覆没的厄运。

危险的海岸礁石

灾难发生后，各舰进行了自救互救工作：堵漏排水，抢救伤员。附近的渔船主动赶到出事点参加救护，部分落水舰员泅游到海岸。直到第二天清晨，遭难的 7 舰官兵才转移到陆地或其他舰上，一批重伤员立即转乘特别快车到圣地亚哥治疗，23 名死亡的舰员就地安葬。可 7 艘战舰仍沉坐礁盘，直至 1925 年秋海军部才作废铁交拆船公司处理。

事后查明，出事前的一周日本关东地区大地震是遇难原因之一。因为地震使海流方向变化，把依据原资料航行的第 11 驱逐舰战队推向岸边，更糟糕的是测向站在 20 时 35 分通报的方位是 168°，实际上此时的方位应加上 180° 即 348°。战队司令官詹姆斯未注意检查核实舰位，轻率下令转向，导致了这场史无前例的战舰触礁悲剧。

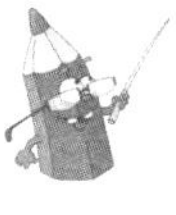

"托里坎荣"号油轮触礁之谜

1967 年 3 月初，"托里坎荣"号装载 11.7 万吨原油从波斯湾起航，绕过好望角驶往英国的米耳福德港。巨轮劈波斩浪，逶迤北行。3 月 18 日凌晨，航抵英国近海。

在英吉利海峡南部的塞文至斯托文斯海域有两条航道：一条在英国西南海岸与锡利群岛之间，另一条在锡利群岛和兰兹恩德角之间。"托里坎荣"号的计划航线是走锡利群岛西航道。可是，该船在到达锡利群岛前因受潮流影响，值班大副朋菲尼奥未及时定位修正向航，致使航迹偏右。直到天亮后，朋菲尼奥才发现本来在右舷的锡利群岛却到了左舷，经测定船位航迹偏右 10.5 海里。船长罗吉阿堤得知后十分恼火，急忙赶到驾驶台，偏又忽略了《航路指南》的告诫，轻率地决定改走锡利群岛东航道。

惊涛拍岸的好望角

18 日 8 时，值班由大副朋菲尼奥交给二副科克西沃。船长罗吉阿堤仍在驾驶台，此时他显得心烦意乱——不满意高傲的大副造成了航迹偏差；不满意懦弱的二副工作常常没有主见，他深知，这里礁多流急且来往船只多，是海事多发海区。

由于罗吉阿提对大副、二副的不信任感，平时很少有共同语言，本来不少需讨论的问题也没有讨论，不该船长办的事情他也包揽办了。今天，在值班二副在场的情况下，他还是直接下口令避让船只、修正航向，甚至亲自操舵，而让舵工斯科托闲着无事，不久，他又将手动舵改为自动舵，还几次悠闲地在驾驶室踱步沉思……

船舵

8 时 20 分，斯托文斯浮动式灯塔值班员发现“托里坎荣”号驶近七岩礁，即向来船发出警报信号。10 分钟后，见油轮毫无反应，又发射了 1 颗红色信号弹，升起了一挂“你船正处在危险之中”的信号旗。不久，值班员又连发 3 颗红色信号弹以示警告！

海岸灯塔

你知道吗

照明弹和信号弹的区别

照明弹和信号弹都是一种武器，但是它们都不是杀伤性武器。照明弹内部有一个特别的照明装置，里面装着照明剂。它包含金属可燃物、氧化剂和黏合剂等数种物质。金属可燃物主要用镁粉和铝粉制成。镁粉和铝粉燃烧时，能产生几千度的高温、发射出耀眼的光芒。氧化剂是硝酸钡或硝酸钠，它们燃烧时能放出大量的氧气，加速镁、铝粉燃烧，增强发光亮度。黏合剂大都采用天然干性油、松香、虫胶等原料制成，它能将药剂黏合在一块，起缓燃作用，保证照明剂有一定的燃烧时间。照明剂放在照明剂盒内，盒的下端连接有降落伞。

此时的“托里坎荣”号正以15.8节的航速向东北行驶。因为强烈的太阳光照射，半闭着双眼的船长、二副都没有认真瞭望前方，也没有顾及浪花下的礁石，更没有注意灯塔的动态，对于灯塔值班员发出的一系列警报他们全然不知。

8时40分，油轮进入狭水道航行，罗吉阿堤这才将自动舵改为手动舵，并改向正北行驶。二副科克西沃定位后报告：船位继续偏右，现正对七岩礁行驶，离礁石不足1海里了。罗吉阿堤这才警觉起来，忙叫斯科托操舵：“航向350°”，便转身去海图室检查二副测的船位。

8时46分，斯科托报告说：“舵不来！”船长罗吉阿堤因聚精会神地看海图上的船位，没有听到舵工的报告。1分钟后，船长下令向左转向30°时，这才发现没有舵效。即去检查电舵保险丝，又打电话叫轮机员检查舵机动力泵，慌乱中还拨错了电话号码……忽然，罗吉阿堤发现操纵杆转到“控制”位置上，他马上冲过去，将操纵杆转到“手动”位置上。又亲自向左转动舵轮，这才发现舵效恢复，船开始向左蠕动。但大祸已经临头，救船为时已晚。

8时50分，只听到“轰隆”一声巨响，“托里坎荣”号全速触上了七岩礁中的抱鹿礁。顿时，巨大的船体一折两段，石油如洪水横溢，喷泉般外涌。一次震惊世界的超级油轮遇难事件发生了……

晴空万里，风平浪静，设备良好，油轮为什么触礁？

事故发生后，利比里亚、意大利、英国等国家联合行动，迅速查清了事故原因。归结起来，是船长罗吉阿堤思想上的疏忽和工作上的失误以及大副、二副、舵工等人协调配合不好而铸成了大错。主要表现在以下五个方面：

其一，忽视了潮流修正。从大副、二副当班，到船长亲临驾驶指挥，都没有进行流压计算和修正，以致航迹偏右一直未发现。

其二，轻率地决定冒险驶入礁多航道窄的东水道。当进入东水道后，又没有很好地组织有关人员进行定位和海图作业。

其三，船长越俎代庖，干了些与船长身份不相适应的工作，而放弃了至关重要的航行指导和重要时刻的操纵指挥。

茫茫大海中的灯塔

其四，在接近危险水域时，船长没有督促舵工检查手控操舵装置，以致在关键时刻出现了未转自动的自动舵航行。在那关键性的2分钟时间里，舵工束手无策，船长无所作为地去检查保险丝、打电话。如果采取停车措施,将可能幸免于难。

其五，在危险水域航行，没有降低航速。

这五个方面的失误是“托里坎荣”号海难事件调查组公之于众的调查结果。

巨轮触礁后，全船8个油槽中有6个油槽严重破损，溢出的乌黑原油随波逐流迅速扩散。至当日傍晚，油液就向南扩展了8海里，漂流到康沃尔沿岸。3周后，油迹出现在法国北部的疗养区海岸。

英吉利海峡

“托里·坎约恩”号油轮触礁之谜

“托里·坎约恩”号油轮是世界上最大的船只之一，1967年3月26日，装载着12万吨原油行驶在英吉利海峡。这艘船的船长是帕斯特伦戈·鲁贾蒂。他是一位有多年航海经验的老海员，对他来说，担任这次航行应该是驾轻就熟的了，他本人信心十足，认为这会是一次顺利而愉快的航行。

3月26日早晨，帕斯特伦戈·鲁贾蒂正在船舱内酣睡——前一天晚上他一直在掌舵室值班。有消息从船桥上传来：毕晓普礁石在前方40千米处。

当时，在船上值班的是大副西尔瓦诺·邦菲利亚。6时30分，他在进行例行的核定方向工作时，意外地发现他们的船只竟然偏离了航道。按照既定的航线，此时他们应该驶向锡利群岛的西方，而目前却是驶向该岛的东方。如果按照这条航线继续行驶，不久他们将要经过锡利群岛和康沃尔丰岛之间的一条海峡。这条海峡十分狭窄，只有32千米宽。虽然说在天气良好的情况下，只要小心航行，大多数船只都能够安全地通过。但是“托里·坎约恩”毕竟是世界上为数不多的巨型油轮之一，它有305米长，吃水15米，要想顺利地驶过32千米的海峡几乎是不可能的。

邦菲利亚也是很有经验的海员，在发现航向有误后，他当机立断，马上停止了自动驾驶，而转舵向毕晓普礁石方向驶去。按他的计划，准备让船向礁石方向航行1小时，之后再改变航向，平行地绕过那堆礁石，这样就不必从那狭窄的海峡经过了。

你知道吗

什么是海峡

海峡是指两块陆地之间连接两个海或洋的较狭窄的水道。它一般深度较深，水流较急。海峡的地理位置特别重要，不仅是交通要道、航运枢纽，而且历来是兵家必争之地。因此，人们常把它称之为“海上走廊”“黄金水道”。据统计，全世界共有海峡1000多个，其中适宜于航行的海峡约有130多个，交通较繁忙或较重要的只有40多个。

安排了这一切步骤之后，邦菲利亚打电话给船长，把事情的始末和自己的安排报告一遍。“这确实是个很合理的方案，船长一定会为我喝彩的。”邦菲利亚这样对自己说。然而，船长的反应却完全出乎邦菲利亚的意料。“亲爱的，你做了一件傻事”，鲁贾蒂船长自信地说，“根本不用绕那么大个圈子。是的，根本不用。我们能很顺利地经过那个地方的。你应该相信我，我做船长这么多年，熟悉这个地方。现在你要做的，只是把船再调整到原来的航道就行了。不用担心！”邦菲利亚心里仍有怀疑，但听到船长那坚定的声音，只好执行了命令。船又恢复了自动驾驶。

给邦菲利亚下达完指示后，鲁贾蒂船长也睡意全无了。说实话，他也不能完全肯定他的决定是正确的。他决定，自己要亲自出去看看。于是，半个小时后，鲁贾蒂船长出现在船桥上。他的面色凝重，考虑是否应该接受邦菲利亚的建议。

到8时整，“托里·坎约恩”号距离海峡只有22千米了。“邦菲利亚！”鲁贾蒂船长喊值班的大副。他命令邦菲利亚再次调整航向，准备从距锡利群岛10千米处通过。

但是，鲁贾蒂船长做出的这个决定确实是十分草率和不明智的。他没有想到，在锡利群岛和康沃尔半岛之间，横卧着一堆险恶的礁石，人们称它为七石礁。千百年来，数以百计的船只在这里葬身海底。鲁贾蒂船长的这个决定把“托里·坎约恩”号推上了死亡之路。

8时刚过，守护在七石礁灯塔船上的船员惊恐地发现一艘巨型轮船直接对着有1.6千米宽的礁石群冲来——它就是“托里·坎约恩”号油轮。灯塔船立即升起警告旗，并发出了报警火示明。但那个庞然大物对此却毫无反应，仍然对着礁石直冲过来。

直到最后1分钟，鲁贾蒂船长才大梦初醒般地命令舵手拼力向左打舵。尽管舵手把舵打得飞快，但这一切都是白费力气，毫无作用，他只好惊慌地向船长报告。这时，鲁贾蒂船长才突然意识到船只还处于自动驾驶状态！最关键的几秒钟过去了，一切都已来不及了。

“轰”的一声巨响，“托里·坎约恩”号撞上了水下的波拉德礁石——七石礁中的第一块，这时是8时50分，这一撞的力度极大。9时，“托里·坎约恩”号船体有一半裂开，石油从23个装得满满的油舱中以每小时6000吨的流量倾入大海，方圆百里的海水遭到了空前的污染。事故发生后，为了避免造成巨大的损失，各方面的有关部门迅速采取了许多措施，但都无济于事，越来越多的石油流入大海，水面上漂浮

英吉利海峡中行驶的船只

比斯开湾上的海浪

着一层青黑色的油污，污染越来越严重。

3月28日，是一个恶劣的天气，人们试图点燃油船旁漂浮的原油，但却失败了。最后，在救援专家的建议下，鲁贾蒂船长及其助手决定放弃“托里·坎约恩”号油轮。扭曲变形的船只在巨浪的冲击下逐渐解体。

法国政府组织力量进行了大量的工作，才清除了大约5000吨石油，剩下的油膜最后不得不动用海军喷洒清洁剂，使之沉入比斯开湾的海底。这时，已是7月份，距离事故发生已将近4个月了。

希腊客轮遇难爱琴海

2000年9月26日深夜，爱琴海上演了一幕沉船悲剧：一艘满载510名乘客和船员的客轮触礁沉没，至少75人死亡。

9月26日，希腊莫尼安客运公司的大型客轮“萨米娜特快”号满载着447名乘客和63名船员从雅内西面的比雷埃夫斯港起航，准备驶往爱琴海度假胜地帕罗斯岛。船上多数的乘客都是冲着风景如画的帕罗斯岛慕名而来的外国度假游客。按照“萨米娜特快”

古雅的爱琴海

号客轮的航行计划，它将逐一泊靠纳克索斯岛、萨默斯岛，“萨米娜特快”号客轮出航时的天气非常好，加上帕罗斯岛各航线又是“萨米娜特快”号客轮的老航线，所以不论是乘客还是船员都觉得这是一次愉快的海上航行，他们做梦也没有想到几个小时后会发生“泰坦尼克”号式的特大海难，并有许多人因此丧生。

你知道吗

帕罗斯岛

旅游胜地——帕罗斯岛是一个以休闲开放而著称的岛屿，在爱琴海的众多岛屿中，帕罗斯岛的海滩似乎更加适合游泳。岛上有洁白晶莹的大理石，品位很高。大家十分熟悉的《米罗的维纳斯》雕像就是用这里的大理石做成的（现藏于巴黎罗浮宫）。岛上有一个小镇，也是港口所在的地方。整个小镇只有一条主要的商业街，从中心延伸到港口，在小镇里面，游客选择租赁一辆小摩托车或者自行车就可以将线路游完，悠悠转转，乐趣无穷，或是在海边游泳滑板，都是不错的选择。

22时30分，一阵剧烈的撞击使整条船颤动了起来，船舱内乘客的行李和者桌面上的杯子茶具劈头盖脸地砸在正在谈天说地的乘客们的头上和身体上，一些蒙头大睡的上铺乘客被掀落在船舱地面上，部分船舱的灯光一下子就熄灭了。刹那间，人们全都愣了，有那么好几秒钟谁也喊不出什么。紧接着，乘客们不约而同地发出尖叫声和呼救声，各个船舱里乱作一团。1分钟后，船长通过紧急广播系统告诉乘客一个可怕惊人的消息：“我们的轮船触礁了，请全体乘客不要慌张，配合船员做好逃生准备！”船长的通报顿时让乘客们乱成一团，这时，乘客和船员们能隐约感觉到船体发出可怕的金属撕裂声，船只开始慢慢地斜了起来。更加惊恐万状的乘客开始涌向甲板，然而，看着黑漆漆的茫茫大海，乘客们更加害怕，许多人都失声痛哭起来。此时，已经20分钟过去了，“萨米娜特快”号才向希腊海岸警卫队发出第一个船只遇难下沉的紧急求救信号。

希腊海岸警卫队的快艇紧急出动，并且率先赶到出事现场。一名有幸随同救援船只赶到海难现场的希腊国家电视台记者冒着恶劣的天气拍下了海难现场和救援行动的情景，把触目惊心的现场画面通过电视直播展现在所有的希腊人面前：空中的照明弹和海上的探照灯把整个出事海域照得如同白天一样，海面上到处是遇难客轮上的床单、被套、桌子、椅子、泡沫、塑料制品以及大片大片的油污；星星点点分布在海面上的落水乘客和船员不时地被救援人员拉出水面；时不时还漂过一些遇难乘客的遗体；获救乘客冲着海面呼朋唤友凄厉的声音不绝于耳，而更多的获救乘客则一句话也说不来，只在那里不停地发抖，似乎还没有从噩梦中清醒过来。

“萨米娜特快”号客轮触礁沉没的消息得到证实后，希腊政府立即动员一切可以动员的力量参加搜索与救援行动：驻爱琴海沿岸的希腊海岸警卫队的舰只倾巢而出；泊在海难发生地附近各港口内的渔船、游艇、货轮全部出动；正在爱琴海水域游弋的英国皇家海军“利物浦”号战舰也加入搜索与救援行动的行列。

然而，出事海域的状况非常恶劣：现场漆黑一片，风力高达8级，海面上伴有中浪……所有这些不利因素都加大了救援行动的难度。为此，希腊空军紧急派出一架C-130大型运输机和数架直升机急飞出事海域，不停地向海面投下照明弹。正巧在出事海域不远参加一海军演习的其他英国战舰立即派出三架直升机参加救援，他们很快在出事海域附近的礁石上救回了至少12名又冷又怕、浑身是撞伤和擦伤的乘客。

对于海难发生的原因，希腊运输部表示会成立专门的委员会进行调查。不过，据目前已掌握的情况和幸存者的讲述来看，“萨米娜特快”号操纵人员为首要原因。“萨米娜特快”号的船长和船员对这片海域的海情应该非常熟悉，而撞沉轮船的暗礁更是行驶在这条航线上所有希腊船众所周知的暗礁。希腊海岸

直升机发射的多枚照明弹

警卫队对这起重大海难感到非常不可思议，因为“萨米娜特快”号是一条有 34 年船龄的客轮，且这条约 137 米、排水量 4407 吨的客轮还算先进，最不可思议的是，“萨米娜特快”号撞上的这块礁石不但在所有的海图上标得一清二楚，而且礁石上还有导航灯！难怪希腊海岸警卫队指挥官西里戈斯摇着头不可思议地说：“除非是瞎子，不然的话谁都能看清楚那刺眼的导航灯的！”此外，海岸警卫队正在调查为什么“萨米娜特快”号上的船员足足拖延了 20 分钟才发出求救信号。一位接受调查的船员解释说：“我们当时有足够的时间把乘客和船员弄出船，我们敢保证所有的船员和乘客都离开了船。”另一条客轮的船长托斯卡拉斯惊诧地说，他每天都要跑一趟同一条航线，但从来没有听说过有哪条船居然触到那块礁石上：“除非他是有意撞沉轮船！”

爱琴海的静谧一刻

你知道吗

什么是暗礁

低潮时也不露出海面的海底突起是暗礁，如中沙群岛的黄岩岛（民主礁）有岩礁和珊瑚礁两类。低潮时能露出水面者称明礁，如西沙群岛的永兴岛。暗礁是航海中的危险区域，所以应当引起人们的注意。

不过，据当地媒体报道，海难原因很可能是因为失事船只年久失修。因为，失事的“萨米娜特快”号已服务了 34 年，预计于第二年退役。但也有人说，当时船员们正在观看希腊队和德国队的足球比赛的电视转播。究竟什么原因，人们不得而知。

当代最严重的油污事件——“卡迪斯”号触礁

1978 年 3 月 15 日夜里，素有“风暴囊”之称的比斯开湾刮着 10 级暴风，海面狂风怒号，波涛汹涌。狂涛巨浪拍打着形同山丘的“阿摩柯·卡迪斯”号的甲板。这艘美国石油公司的超级油轮，一个月前在波斯湾的伊朗哈尔克岛装载了 22 万吨原油，经过印度洋，绕过非洲，

鹿特丹港

预定16日傍晚到达荷兰鹿特丹港。此时将过比斯开湾，驶抵英吉利海峡入口处。

你知道吗

比斯开湾

比斯开湾属北大西洋东部海湾，介于法国西海岸和西班牙北海岸之间，略呈三角形。比斯开湾位于北大西洋的东北部，东临法国，南靠西班牙，面积19.4万平方千米，总体积约33.2万立方千米，平均深度1715米，最大深度5120米。沿海地带具有冬暖夏凉的海洋性气候，阴雨较多，常有风暴。受北大西洋环流的影响，海流在海湾内作顺时针方向流动。

尽管“卡迪斯”号在大风大浪中航行稳当，可35岁的船长巴尔达里仍有些不安，因为他深知，这里是一个多事的海区，来往船舶繁多，航道相对狭窄，且风大夜黑，稍有不慎，就会触礁搁浅……想着想着，他透过玻璃窗，环顾茫茫夜海，望着周围流星般的航行灯，不知不觉地打了个寒战！

长夜逝去，天色微明，巴尔达里向右避让了一艘小油轮。不久，发现数十艘船舶迎面驶来，他一面下令避让来船，一面令大副用台卡定位仪校核了自己的船位，发现船已偏离了预定航线，进入南驶船的分道了。他谨慎地操纵巨轮前进，正准备向左转向，回到正确航道，不料，“咔嚓”一声，舵机发生故障，虽然舵角指示器为左20°，但舷叶已转向右方，船首直向右转。因舵机失灵，“卡迪斯”号像瘫痪的巨鲸，随风飘荡……

9时45分，巴尔达里发出了停车和抢修舵机的命令，并用无线电向设在芝加哥的阿摩柯石油总公司报告停车修理的情况。慌乱中，竟忘了最稳当的措施——抛锚。随波逐流的巨轮漂向东南，漂向维松岛礁丛。这里暗礁四伏，历年来在此触礁沉没的船已有千艘之多。

20分钟过去了，巴尔达里见舵机无法修复，即令报务员发出求救信号。不久，船长直接与法国布勒斯特港口电台取得联系，请求救援。

布勒斯特港口答复，他们没有救援机构，也没有大型拖轮。原来泊在港内的远洋拖轮“太平洋”号已于早上8时开赴多佛尔海峡执行拖带任务了。

“太平洋”号虽然另有任务，当接到求救信号后，还是调头西返，于12时20分赶到了“卡迪斯”号附近。两船通话后，德国籍船长范奈特提议按劳氏标准救助契约进行工作(即按救助效果收取费用，如无效果，分文不收)。但巴尔达里坚持要按拖驳付费的办法拖到英国莱姆湾。由于两人唇枪舌剑，各执己见，互不相让，浪费了宝贵的4个多小时。“卡迪斯”号继续在海浪里抖动着，漂流着。

傍晚，天气更加阴沉，风浪有增无减，焦急的船员希望尽快签约开拖，英吉利水道两岸成百个机构的人们关心着“卡迪斯”号的安危，交换着付款方式的意见。17时20分，巴尔达里收到近10个公司、协会、总局的劝慰电，决心抛弃己见，通告范奈特船长表示同意签订《劳氏救助合同》，但为时已晚。

因天气恶劣，系缆工作相当艰难。当拖轮带好第二条缆绳时已是晚上7时了。拖航才几分钟，“卡迪斯”号被一个巨浪突然推向右侧，

鹿特丹夜景

碗口粗的尼龙缆一下子被绷断。重新带缆已来不及，眼看接近礁滩，危在旦夕，巴尔达里这才下达了抛锚的口令。

飞行中的直升机

你知道吗

抛锚的过程

船舶抛锚停泊是常用停泊方法。其过程大致是：船上以锚链或锚索连接的锚抛入水中着地，并使其啮入土中，锚产生的抓力与水底固结起来，把船舶牢固地系留在预定的位置，根据不同的水域、气象条件和作业要求、锚的抛投方法有所不同，常用的方式有首抛锚、尾抛锚及首尾抛锚。

19 时 30 分，一只重达 22 吨的大铁锚刚落底一会儿，就被坚硬的花岗岩连根削掉。接着第二只锚抛下水，同样被岩石折断。此时，巨轮像脱缰的野马，时而横躺浪谷，时而高踞涛峦，摇晃着，抖动着，漂向岸边。

21 时 04 分，“卡迪斯”号船尾停止移动，搁浅了。

21 时 30 分，一个巨大的拍岸浪托起了“卡迪斯”号庞大的身躯，然后狠狠地将其摔压在一片礁石上。船底顿时破裂，突兀的巨石插入了机舱和油泵房，打穿了 4 号货舱的后壁。“嘭”一声可怕的巨响，强大的气流从油泵房冲出，门窗被掀开，汹涌的海水把舱内油液推上甲板，洒播到海面。

1 分钟后，又一阵剧烈起伏，船底被击穿了几十个大洞，油液如喷泉一样涌出船舱，溢流海面，“卡迪斯”号就这样沉坐礁盘，再也不能起身浮动了。此情此景，船员们惊慌失措，乱作一团，争先恐后地奔向顶部甲板。

3 月 17 日凌晨 4 时，“卡迪斯”号的龙骨折断了，油轮分成两截，可怕的断裂声持续了 10 分钟之久。天明后，法国两架直升机冒着狂风，把“卡迪斯”号船员全部吊接上机，巴尔达里也羞愧地爬上了直升机的救生篮。5 时 05 分，他从飞机上向自己的油轮投下了最后的一瞥。

“卡迪斯”号触礁断裂，仅一天就溢出了8万吨石油。对此，法国和英国政府采取了一系列紧急措施，派出数批海军舰艇携带2050吨去垢剂播撒在油污海区，企图凝聚沉淀漂浮的石油，但收效甚微；两次派人登上遇难的“卡迪斯”号进行堵漏泵油，由于风大浪高，一直没有成功；动员了上万名军人、居民到海岸设置栏木浮栅，派出32艘船只围捞浮油，回收石油4万吨。3月28日，法国出动直升机向“卡迪斯”号投掷炸弹，引爆燃烧舱内石油，油舱虽被炸开，但燃烧甚少。至此，船上所载的22.3万吨原油全部倾入大海，其倾油量超过了历次油船事故。至3月底，油污扩散到沿岸250千米。这是当代最严重的石油污染事件。

石油污染下的水草

大面积的石油污染，严重地影响了海洋生物的生长和发育。仅仅几天，人们在海边捡到1万多只死鸟；16天后，一些幼鱼稚虾发育不全；数百只软体动物死亡，渔业生产大幅度减产。由于污染，湛蓝的海水变色，洁净的海沙发黏，青绿的海藻枯死，就连清新的空气也变得混浊，阵阵腥臭味在邻近海岸持续了一个多月，致使美丽的滨海浴场变成了荒滩，一些旅游胜地也因此显得萧条冷落。

你知道吗

什么是软体动物

软体动物的体质差异很大，但有共同的特征：体柔软而不分节，一般分头—足（有的头退化或消失；足肌肉质）和内脏—外套膜（由背侧的内脏团、外套膜及外套腔组成）两部分。背侧皮肤褶襞向下延伸成外套膜，外套膜分泌包在体外的石灰质壳（有的退化成内壳或无壳）。无真正的内骨骼。

专家们估算，这起特大的海难，直接经济损失为3亿美元，加之污染造成的减产和治理污染所付出的代价等，经济损失则高达12亿～15亿美元。

造成“卡迪斯”号灾难的因素是多方面的。舵机损坏、暴风巨浪固然是其中的重要客观因素，但巴尔达里船长优柔寡断的指挥和两位船长讨价还价的争执，贻误了救助时间，这是发生灾难的根本原因。

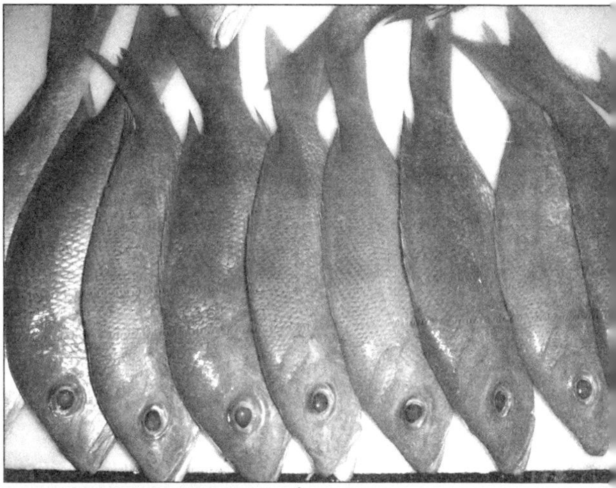
红色的鲷鱼

“日东丸”冰海遇难

1985 年 4 月，日本北方的宗谷海域，已经使人感到有些暖意。恰逢真鲷鱼汛，渔轮纷纷前往这一海域。4 月 21 日上午 8 时 20 分，船长河野香夫也驾驶渔船“日东丸”，载着 16 名船员前往宗谷海域。

宗谷海域是日本著名的北方渔场，盛产真鲷鱼。此刻，宗谷海域海况很好。船长一声令下，水手们撒下一片大网。第一网起来了，结果令人失望，除一些小鲱鱼和虾以外，一条真鲷鱼也没有。船长是一名有经验的捕鱼能手，一网上来他就知道这是为什么了。此时北海道的冰雪正在融化，宗谷海峡流量增大，大批鱼群都到鄂霍次克海去了。于是船长下令，“日东丸”全速驶向鄂霍次克海。

22 日清晨 7 时，“日东丸”驶入鄂霍次克海萨哈林海域。难得的是，这天遇到一个捕鱼的好天气。这里真鲷鱼特别多，几网上来，甲板上就堆起小山似的真鲷鱼堆。船员们沉醉在丰收的喜悦之中。

只有松田幸一愁眉不展。他一把揪住正在甲板上跳舞的船长河野香夫说：“船长，海面上有浮冰。”河野望了一眼海面，确有 500 块脸盆大小的浮冰漂过来。他满不在乎地说：“松田君，不要大惊小怪。鄂霍次克海的浮冰，不会威胁我们船的。”松田的提醒并没有使船长警觉起来，然而这时海面浮冰越来越多。

4 月 23 日凌晨 1 时 58 分，“日东丸”突然像被什么撞了一下。立刻有人大喊：“船舱进水了！”冰冷的海水从左舷涌入船舱。

正在驾驶台打盹的池田良助被喊声惊醒。他向外一望，只见渔船

现代多功能救生筏

向左倾斜，池田立刻向船长报告。船长河野急忙按动压舱水柜开关，启动水泵向右舷压水，力图恢复船体平衡。但是，太晚了，就在小岛太一郎打开发报机，准备发出“SOS”呼救信号的同时，“日东丸”迅速沉没。船长河野和16名船员全部落水。

“日东丸”只有一个救生筏。这时，松田从睡梦中惊醒，他拼命冲向舱顶，打开脱离装置，救生筏在“日东丸”沉没的一瞬间落入水中。松田拼命地向正在充气的救生筏上游去。落水的池田、今野、河田也随即爬了上去，最后是甲板员加川，他已被冻得手脚麻木，虽扒住救生筏的边沿，可怎么也爬不上来。筏上的3个人拼命地去拉加川，无奈3人的手脚也已麻木，使不上劲。最多再过1分钟，加川就会冻僵死去。突然，加川感到水中有一股很大的顶托力，使他身体一纵，爬上救生筏。加川回头一望，冰水中船长河野的面容闪了一下，就消失了。这是河野用最后的力气拯救了加川。大家涌出了热泪。松田看了一下夜光表，正好是凌晨2时。

你知道吗

救生筏的使用方法

救生筏平时包装存放在玻璃钢存放筒内，安装在船舷专用筏架上，可将筏直接抛入水中，救生筏即可自动充胀成型，供遇险人员乘坐，如果船舶下沉太快，来不及将筏抛入水中，当船舶沉到水下一定深度时，救生筏架上的静水压力释放器会自动脱钩，释放出救生筏。

“日东丸”遇难至沉船仅2分钟。除松田、加川等5人爬上救生筏外，船长和其余11名船员全部丧生。然而，灾难远没有结束，厄运继续伴随着这5名暂时的幸存者。

松田找到两发信号弹，把它们发射出去。但凌晨的海面已被大雾笼罩，远处的船只很难看到求救信号。寒冷侵袭着他们，也许是年纪过大，抵抗力差，河田在当晚就离开了人世。同伴的过早离去，使余下的人感到巨大的悲哀和恐惧。

4月24日，遇难后第二天，松田看了一眼筏内的温度计，气温

八爪鱼信号弹

3℃。到中午达到5℃。遇难时，他们都是从床上跳下逃生的，只穿了一件毛衣，脚上只有一双袜子。为防止冻伤，松田撕开了塑料食品袋，发给大家裹在已失去知觉的脚上。他想救生筏上的淡水和食品还较充足，只要抵住严寒，就能得救。而增加热量的唯一途径就是吃，谁也没有想到会有水尽粮绝的那一天。

遇难后第五天，天气变得非常恶劣，海面上朔风恶浪肆虐，鹅毛大雪纷飞，风速15米/秒，浪高2米，气温只有2℃。下午3时20分，松田感到救生筏有些震颤。他探头一看，天哪，救生筏不知什么时候漂到了大片浮冰中，那尖利的浮冰随时有可能把救生筏刺破。大家赶紧行动起来，把救生筏拉到一块大浮冰上，这才放下心来。夜里，今野周身颤抖，脸色发青，大家轮流把他抱在怀里，总算又熬过了一夜。

4月30日一早，气温降至2℃。今野困难地睁开眼，看了大家最后一眼就死去了。面对着两具同伴的尸体，余下的3人沉默不语，死亡的恐惧，使他们不寒而栗。

5月3日，气温依然是2℃，风速10米/秒。救生筏在冰水中漂流，3名幸存者竭尽最后的力气，相互撞击身体，驱赶寒冷和死神。已经断粮一天了，人家饥寒交迫。上午8时30分，不知从哪里飞来了一只海鸥，落在救生筏篷顶上。海鸥蹦跳了几下，开始啄救生筏，一旦啄破，后果不堪设想。松田手疾眼快，赶紧排放救生筏中的气，海鸥陷在篷顶上。松田灵机一动，提议捕食海鸥，经过多次失败，终于捕到一只。他们费力地割下海鸥肉吃了起来。

5月9日下午3时，他们终于登上陆地，3名幸存者挣扎着爬出救生筏，便相继昏倒在地。半小时后，3个人又相继苏醒了过来，他们互相搀扶着，步履蹒跚地向远处的农

飞翔的海鸥

舍走去。

1 小时后，接到报告的苏联边防军派出一架直升机将 3 名日本受伤船员送往波罗乃斯克市立医院。

至此，在海上漂流了 17 天的 3 名日本船员终于脱险了。

苏联“契留斯金”号冰海遇难

海上探险是一项很有刺激性的工作，同时也充满了牺牲的代价。苏联航轮“契留斯金”号开拓北冰洋航线的旅行是诱人而又残酷的。万里无垠的北冰洋洋面上，在厚厚的冰块上支起帐篷，谈天说地、滑冰、乘雪橇……这的确是极具诱惑力的一种生活。同时，这一切欢快是建立在令人发指的恐怖之上，庞大的航轮被冰冻在洋面上一动不动，随时都有被巨大的海浪吞没的危险。“契留斯金”号就是在这条诱人的航线上结束了它的旅程。

1932 年，苏联轮船“西伯利亚科夫”号曾经对北冰洋航线做过一次探索，此次航行是从摩尔曼斯克出发，通过北冰洋，穿过白令海峡，最后到达苏联东部地区。这次试航获得了圆满成功，但人们认为这只是当局的看法，他们觉得胜利纯属偶然，因为北冰洋航线的自然条件实在太恶劣了，气温极低，浮冰遍地，风向不定，那里似乎存在着太多难以克服的困难。为了消除人们的疑虑，苏联北方海上航路总局决定让“契留斯金”号沿着“西伯利亚科夫”号航行的路线再试一次，以此证明北冰洋航线的可行性。

1933 年 7 月 12 日，风和日丽，阳光明媚，海面上微风习习，北方的涅瓦河畔没有显出一丝一毫酷暑的炎热和焦燥。数千人手举彩旗，高声呼喊着聚集在苏联涅瓦河畔的彼得格勒码头。这天是“契留斯金”号出航的日子。虽然起航的时间定在晚上 10 点整，但从一大早开始，整个涅瓦河畔就沸腾了，漂亮的太太小姐们，具有绅士风度的老爷先生们，远航考察的人们，欢送亲友的人们聚集在码头上，大批的看热闹的人们也如潮水般地涌往码头，他们要一睹这艘肩负重任的远航家的风采。“契留斯金”号傲然矗立在彼得格勒码头，没有显出一丝一毫的畏惧。这艘航轮是 1933 年刚刚由丹麦制造的，全长 100 米，载重量 4700 吨，排水量 7500 吨，最高航速 12 节，可以说它各方面都很优秀，已经达到了世界级标准，但唯一的也是致命的缺点是没有破冰能力。在北冰洋冰块满地的航面上行驶，没有破冰能力是一件很危险的事情。

负责此次考察航行的是苏联著名的科学家，当时担任北方海上航路总局局长的奥托·尤利那维奇·施米特。船长维·沃罗宁是一位很有经验的航海家，1932 年刚刚成功地指挥过“西伯利亚科夫”号横渡北冰洋，苏联当局对他充满了信任和希望。经验丰富的沃罗宁船长曾对这次航行产生过疑虑：“局长，验船委员会指出，‘契留斯金’号没有破冰航行的能力，而我们所经过的航线冰层重重。它能否安全到达目的地，我们是否再通过专家们验证一下。”施米特局长回答：“噢，不，你没有理由不自信，我们的‘契留斯金’号是一艘刚建成的新船，它有全新的设备和很好的排水量，船上还有一批很棒的船员以及非常优秀的专家，最重要的是老船长你丰富的航海经验。相信吧，相信‘契留斯金’号的处女航会圆满成功的。”沃罗宁船长被他说服了。

1933 年 7 月 12 日晚 10 点钟，舷梯收起，缆绳解开，汽笛长鸣，“契留斯金”号在人们的握手、拥抱和祝福中，缓缓地离开了码头，渐渐地消逝在夜色中。“契留斯金”号到达了摩尔曼斯克港，它在这段航行中显得很安详、平静，没有遇到任何不测。8 月 10 日，“契留斯金”号离开了摩尔曼斯克港，开始了它真正的探险旅程。船上装有 298 吨煤、500 吨淡水。船员、科学考察队员等共 100 多人。这么充足的物品足够全体人员正常到达目的地，即使出现了意外也可以支持相当长的时间。

3 天之后，当“契留斯金”号航行至喀拉海,它遇到了一点麻烦，喀拉海处处漂浮着浮冰,“契留斯金”号却无破冰能力，除了勇往直前别无他法，巨大的冰块在勇士的无所畏惧的前行中猛烈地撞击着船舷，二者相碰的吭吭声很清楚地传入船员的耳内,大家都有些担心。第二天，舷板上出现了第一批凹陷，1 号货舱开始漏水。“契留斯金”号边排水边毅然地前行，直到它完全被浮冰包围，再也无法行进，“契留斯金”号被冰冻在水面上。船长乘坐袖珍水陆两用飞机，与驾驶员一道去视

到处漂浮的浮冰

察冰情，经过45分钟的飞行视察，他感觉到了问题的棘手。

被冰封住的“契留斯金”号随着巨大的冰块一起漂浮，气温越来越低，可怕的严寒几乎把海面完全封住了；天气也愈发的恶劣了，时而暴风雨，时而大雾，船在风雪中苦斗着，每行进一步都要付出巨大的代价。

当与风雨搏斗了一夜的人们从疲倦中苏醒时，他们发现自己停留在一块巨大的一动也不动的冰块上。“契留斯金”号被冰冻在一块巨大的冰上，这相当于将航船冻在了大海上，随着冬天的临近，情况会越来越严重。船上的全体人员行动起来，用各种各样的办法破冰，但冰层实在太厚太大了，徒劳无获。人们站在厚达6米的冰块上，眼巴巴地瞅着前方距“契留斯金”号只有两公里的地方，那里有大量的可以运动的浮冰，每个人都想：如果我们位于那里，这会儿恐怕已抵达白令海峡了。然而，就是这咫尺之遥的两公里，却使人无法逾越，剩下的唯一的办法就是希望风向改变，使冰破开。

“契留斯金”号在两个月的航程中，经过了北冰洋的喀拉海、拉普帕夫海、东西伯利亚海、楚科奇海，接下来就该到达白令海峡了，但是处境却愈发的困难，因为冬季一天天临近，航船每前进一步都要付出巨大的代价。10月初的时候，“契留斯金”号已被冻在冰上达半个月之久了，全体船员紧张地工作着，他们用炸药破冰，并且夜以继日地敲打船舷周围的冻冰，希望通过努力能使船掉过头去，早日到达目的地。但各种努力收效甚微，于是船长下令大家做好在船上过冬的准备。

被冰裹挟的“契留斯金”号步履蹒跚地沿着一条冰道向东运动，在离谢尔德采卡缅角不远的地方，伤痕累累的船体的右舷第一舱甲板处又被浮冰撞了一个大洞。百忙之中破冰的人们又多了一项工作——排水。

举步维艰的“契留斯金”号几次眼看着就要穿过白令海峡了，可每次却都因为风向的改变，又向西北方向漂去。10月底的一天晚上，海面上忽然刮起了西北风，全船的人立刻欢呼雀跃，终于有希望穿过白令海峡了。冰包围着船体第十次经过了谢尔德采卡缅角，几天之后又经过了杰日涅夫角经线。11月3日，白令海峡已经出现在眼前，每位船员在心里默默地祈祷，盼望这次能够成功。

然而，奇迹并没有出现，希望又一次化为泡影，变化无常的天气又一次改变了风向——西北风转为了东南风，被浮冰裹挟的船以每小时 5 千米的速度向北漂去，“契留斯金”号离白令海峡越来越远，离目的地越来越远。船上的每一位成员眼巴巴地看着胜利从眼皮底下溜走，却都束手无策。“契留斯金”号一直被吹到了楚科奇海的西北角才停了下来，这时的船身已多处损伤，而且已出现了断裂的现象。楚科奇海西北角常年结冰，不利于漂浮。船长明白船队现在所处的环境，也知道将来的处境将是更加危险的，于是他吩咐大家做好应急准备的同时，又通过无线电向总局发出了救援报告。

当局接到报告后，决定派苏联的“里特凯”号船前往救援。11 月中旬，“里特凯”号已经接令前往执行任务，但后来当局经过具体分析，认为“里特凯”号不可能完成这项任务，而且也有可能被围困。为了减少不必要的损失，他们又命令行至半途的“里特凯”号返回。

被冰封在楚科奇海的“契留斯金”号一动也不能动，他们除了等待总局的援救，唯一可以做的事情就是做好应变的准备。船上的每一位成员都很明白自身的处境，大家在有经验的老船长的带领下，井然有序地工作、学习、娱乐。因为每个人都很清楚，慌乱在这时候只能增加危险的程度。

在地球纬度最北端的海面上，寒风凛冽，温度 -30℃，被厚厚的冰层覆盖的海面上突然狂风大作，刺骨的海水掀起了8米多高的冰浪，被封冻了十多天的“契留斯金”号从冰块中推动了。这并不是个好兆头，险情在即，全船的人即刻进入了警备状态，大家紧张有序地将一切过冬的储备都运到了冰层上。时间不等人，在大家匆忙搬卸东西的同时，海水涌进了船舱，灌满了机房；浮冰的挤压越来越厉害，冰块不断地压进船体，铆钉一个个被挤掉，船体有的部分被挤扁，左舷船被挤裂，船体终于完全断裂了。

人们在惊心动魄中加速了搬运，当新的冰浪再度袭来时，“契留斯金”号的前半部分开始下沉，船长立即下令：“将袖珍海陆飞机卸在冰层上，全体人员一起上冰。”10 名妇女和两名婴儿首先被安全地安置在冰面上，船上的其他人员井然有序地撤到了冰层上。船的尾部也开始下沉，“契留斯金”号完全消失在了楚科奇海的海面。这时是 1934 年 2 月 13 日 15 时 30 分。

此时，船上 104 人中除了一人不幸遇难，其余的全部安全到达冰面。

“契留斯金”号遇难之后，老

船长一边加紧向总局请求救援，一边采取措施安抚所有队员的不安情绪。一些血气方刚的年轻人提议步行穿过冰面回到陆地，这样获救的机会可能大一些。茫茫冰海，无边无际，徒步行走，随时可能遇到大风浪，浮冰也随时可能断裂，危险性实在太大了，况且人数众多，队伍庞大，还有两个哺乳中的婴儿。为了制止青年们的一意孤行，施米特船长发出指令："谁若是擅自离开营地，必严惩不贷。"

在救援组织未到达之前，施米特带领大家加固帐篷，搭起简易篷，人们开始了有序的生活。白天，大家在一起工作、学习、娱乐，有的进行考察，有的进行摄影；晚上，大家在一起讨论有关方面为营救他们所采取的措施，并为营救工作做准备，人们在船长的带领下整理出可以降落飞机的冰场，不断地填补冰层裂缝。

在被困者焦急期盼救援的同时，营救当局同样焦虑如焚。莫斯科当局在接到无线电救援报告后，立即组成营救委员会，采取紧急措施营救遇难的队员们。派狗拉雪橇，失败了，派破冰船，来不及，只有派飞机去。在 -40℃的情况下，在苍茫的海面上寻找一个没有特殊标志的人群，的确不是件容易的事情。同时，冰层随时可能发生断裂，这给飞机的降落造成一定难度。经过多方努力，救援飞机终于在第 29 次搜索中发现了冰层上的袅袅炊烟和奔跑的人群。飞机终于在冰面上慢慢地停了下来，所有的妇女和儿童首先被安置在机舱内运走了。接着飞来的几架救援机运走了其他人员，有一架卜 5 型飞机按规定只能载 1 名乘客，却载了 6 名乘客，其中 4 人挤在座舱中，2 人绑在机翼上，因为时间紧迫，不容延误。最后一批人也撤走了。历时 8 个月的冰上探险终于结束了。此时，冰上的裂缝越来越大，4 月 13 日夜里，一场大风卷走了冰面营地上的所有东西。

第二章
诡异——神秘莫测的海难

大西洋上一个神秘的“漂流瓶”，诉说了怎样的离奇故事？美丽的“少女玛利娅”为何人去船未空？挪威神奇半岛的海底下，为何会有上千锁着铁链行走的人？莫测的海洋，诡异的海难，究竟隐藏了什么不为人知的秘密？

频繁的舰船失踪

百慕大三角，早在500年前，船只在这里遇难的消息就时有所闻。1502年，哥伦布第四次去美洲时，他的船队就在这儿险遭不测。事后他在给西班牙国王的信中描写道："浪涛翻卷，一连八九天，我两眼不见太阳和星辰，我这辈子见过各种风暴，可是从来没遇到过时间这么长、这么猛烈的风暴。"

你知道吗

神秘的百慕大三角

百慕大三角又称魔鬼三角或丧命地狱，有时又称百慕大三角洲，但此区域并不是三角洲地形，且不合语源。百慕大三角位于北大西洋的马尾藻海，是由英属百慕大群岛、美属波多黎各及美国佛罗里达州南端所形成的三角区海域，据称经常发生超自然现象及违反物理定律的事件，面积约为390万平方千米。

19世纪以前，船只在那里神秘地失踪，尽管从未发现船舶遗留物和尸体，但人们一致把这种奇怪的现象归于海盗的袭击。

百慕大海域

到了19世纪，海盗几乎绝迹了，可是大量船舶依然在此莫名其妙地失踪，这就使“魔鬼三角区”更是披上了一层神秘而恐怖的色彩。

一次令人震惊的惨案发生于1880年1月。英国皇家科学考察船“柯特兰大”号，于1879年11月起航进行远洋考察，船上云集了当时英国一代年富力强科学家的杰出代表，连同水手共290人。可是2个月后，这艘在当时看来设备十分先进的大型考察船却突然失踪了，而且失踪得十分神秘，连一具尸首、一点残迹都没有找到。“柯特兰大”号的神秘失踪，激起了英国社会的强烈反响。5个月后，英国派出一支由海军少将率领的舰队进入大西洋，寻找“柯特兰大”号的下落。不久，美国一位渔船船长发现了一只传递信息的“漂流瓶”，才从中得悉“柯特兰大”号考察船在沉没的前四天，驶入了百慕大群岛的海域，1月17日便神秘地葬身海底。

从此之后，航船神秘失踪的事件不断发生。1881年，美国的“艾林·奥斯丁”号四桅船在百慕大三角海区中航行，发现海面上有一艘同样的四桅船，船上却连个人影也没有。于是，船长就派了4名有经验的船员把空船开走。谁知刚要起航，突然一阵狂风，连船带人都吹得无影无踪。两天后，那艘无人的船又出现在海面上，派去的船员却不知去向。船长继而又派人上船，瞬息间，海面上又刮起飓风，此船连同救护人员都被席卷而去，从此再也不见踪影。

这样的怪事，20世纪又继续重演。1921年，一艘叫“卡罗尔·迪林”号的船在三角区航行时出事，船员全部失踪，但船上的饭菜还摆在桌子上，好像什么事情也没有发生过。

1925年4月，一艘“来福丸”号日本船满载着小麦从波士顿起航，经过百慕大群岛旁边进入三角区，突然发出电报说：“快，快！死亡就在眼前，这简直是匕首似的一击！快来救援，我们是无救的了……”随后声音就中断，“来福丸”号在大海中杳无踪迹了。

1935年8月，“阿茨吉克”号船在三角区发现了一艘美国弃船“拉·达哈玛”号，船长命令几个船员登上弃船，看到船上有大量粮食和淡水，两只救生艇也还完好，但是空无一人。待“阿茨吉克”号驶抵英国后，又从意大利“莱克斯”号船长那里听说，8月份以前，他们曾在大西洋中救过“拉·达哈玛”号，还目睹这条船沉进海底。一谈起这条幽灵一般的船，海员们连声音都在颤抖。多么恐怖的

令人恐惧的百慕大三角

三角区！

1944 年，在佛罗里达半岛的海面上，发现了一条古巴船“鲁比康”号，船体完整无损，货物、船员和乘客的物品也都堆放得整整齐齐，可是，船上连一个人影都没有，却有一只小狗孤零零地卧在甲板上，只可惜它不能开口说话，否则也许能揭示出船员失踪的奥秘。

1963 年 2 月 2 日，美国油船“凯恩”号拔锚例行出航。第二天，报务员报告，该船位于北纬 36°40′、西经 73°。此后就消失得无影无踪，谁也没有再听说过这艘船。这艘配备有现代化通信设备和导航仪表的油船，连同全体船员一起失踪了，连一滴油渍都没有留下。百慕大三角区简直成了航运的禁区。

百慕大三角区并不大，由于这个海区位于多条航线通过的要冲，过往的轮船、飞机十分众多。这里，有巡逻船在海面游弋，有人造地球卫星在太空中进行 24 小时不间断的监视，怪就怪在一些神秘莫测的事件偏偏发生在这里。在这个海区的飞机、船舶失事往往突如其来，报务员还没有来得及报告出了什么事，一瞬间就被滔滔白浪卷去，而且遇难者照例没有一人生还，事后又找不到任何失事船舶、飞机的残骸和遇难者的尸体，所以这些神秘事件，至今仍是个谜。

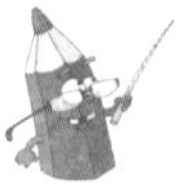

“慕尼黑”号失踪始末

“慕尼黑”号是一艘新型的现代化船舶，装有先进的导航通信设备和自动控制系统。1978 年 12 月 7 日，4.5 万吨级载驳船“慕尼黑”号装上最后一艘驳船后，缓缓驶出了不来梅港。这是“慕尼黑”号第62航次。出港后，“慕尼黑”号便开足马力向目的港——美国萨凡纳港驶去。冬天的大西洋风大浪高。“慕尼黑”号虽然多次在冬季横渡大西洋，但在起航前，船长丹纳坎普仍根据气象资料精心选择了航线。

“慕尼黑”号在灰沉沉的大西洋上连续航行了4昼夜。12日凌晨0时7分，“慕尼黑”号报务员恩斯特同他的好友——“加勒比”号报务员通话，告诉他：“……天气不好，风浪很大，海浪不断冲击着船身……”此时，两船相距450千米。3小时后，即12日凌晨3时10分，“慕尼黑”号不幸发出遇难求救信号。遇难方位：北纬46°15′，西经27°30′。希腊籍货船“麦里欧”号第一个收到求救信号，但始终未能同“慕尼黑”号建立联系。于是“麦里欧”号报务员迅速发出了“慕尼黑”号遇难的信号和方位。茫茫黑夜里，在大西洋航行的许多船只都收到了“慕尼黑”号遇难的报告。

3时15分，一个幽灵般的电台突然向“慕尼黑”号发出了奇怪的呼号：“向前，左舷50°……”但是，“慕尼黑”号仍然无声无息，始终没有报告出事原因。12日早晨，美国海难救助中心发布公告，要求在“慕尼黑”号遇难的附近海域航行的船舶相应改变航向，协助搜寻“慕尼黑”号船员。救助拖轮从荷兰、比利时、西德、英国等地相继以最快的速度开向出事地点。上午10时50分，英国皇家空军出动最先进的反潜飞机参加救助“慕尼黑”号遇难船员的工作。可是，停泊在离“慕尼黑”号出事地点最近的一艘苏联船“阿梯米达”号却反常地起锚往东南方向驶去，在距离葡萄牙海岸200海里处又抛锚停下。大规模的搜寻工作持续了一天，110艘船及13架飞机在方圆100千米的海面上来回搜索。但是，大西洋上除了汹涌起伏的浪涛外，没有“慕尼黑”号遇难的任何踪迹。救援的希望随着白天的过去越来越渺茫。

12月13日上午9时06分，比利时人西诺特在很少使用的8238.4千赫收听到一个有明显德国口音的英语呼号：“Mayday，Mayday(呼救，呼救)……this is Mike，Uniform(这

不来梅港

是 MU)…… Hotel，Echo，Nov（‘慕尼黑’号电台的通讯代号)……”几秒钟后又出现了“56° 15′ North，46(北纬56°15′,46)……”的呼号,显然，“慕尼黑”号的船员还活着！西诺特立即用电传报告了哈利法克斯电台。这一简短的消息立刻传遍了大西洋上空，犹如一团烈火燃起了人们救助“慕尼黑”号的希望。几小时后，惊异和希望又化成了忧伤和失望。中午 12 时，荷兰救助船收到了“慕尼黑”号无线电浮标的微弱信号。按照国际惯例，只有当船舶行将沉没时才能投放无线电浮标。据此推断，“慕尼黑”号已经葬身海底。美国海难救助中心在当天下午正式宣布: 西德籍载驳船“慕尼黑”号于 12 月 13 日 11 时左右在亚速尔群岛以北遇难沉没,船上 28 人失踪。公告发布后不久,又找到了“慕尼黑”号上装载的3艘驳船和一艘救生艇。

正当救助工作准备结束之时，事情又出现了戏剧性的转折。当晚 18 时以后，美国海军监听站在 2182 千赫上连续听到 10 次内容相同的“慕尼黑”号海难求救呼号，间隔时间 1 ~ 1.5 小时。其中还用英语呼叫“Have 28 persons on board（船上有 28 人）”。另外两个美军监听站也听到了这次呼号，并录了音。从电台的发射功率判断，“慕尼黑”号并没有沉没，可能还在大西洋上漂泊或者锚泊在人们所不知的地方。但是，“慕尼黑”号为什么不通报方位和遇难的原因？是否有人故意以此混淆视听？这一个个问号为“慕尼黑”号失踪事件增添了恐怖与神秘的色彩，引起了西方各界人士的极大关注。

美国海难救助中心研究了这些情况后，重新制订搜寻方案。经过一个星期的努力，“慕尼黑”号仍然毫无下落，美国海难救助中心决定维持原结论，并于 12 月 22 日正式结束“慕尼黑”号搜寻救助工作。

神秘的无人漂流船

“神圣处女”号又称“圣·玛利娅”号或“少女玛利娅”号，多么美丽动听的船名！可是它却与厄运及灾难连在一起。1872 年初冬，当它航行在大西洋的亚速尔群岛附近时，突然遇上了世界罕见的意想不到的海难：全体船员失踪，可船并未损坏，货物也没有遭劫，成了一条无人漂流船。100 多年来，想弄清它遇难的情况一切努力都归于失败，因而它成了世界航海史上最令人困惑的秘密之一。

1872 年 12 月 4 日，北大西洋上正刮着寒冷的西北风。从美国纽约起航的英国大帆船“戴·格基夏”号载着煤油，鼓着满帆，正以4节速度驶往西班牙的南部港口直布罗陀。

下午2点，船长正在自己的舱室休息，忽然听到外面有人高声喊叫。他走上驾驶台，举起望远镜向远处搜索，果然发现左前方的水平线上有一条船的黑影。又过了几分钟，根据渐趋清晰的轮廓，已经可以断定这是一艘双桅大帆船。

两船相距只有100米了。“啊，那是‘神圣处女’号！真是海上奇遇。”船长兴奋地对大家说。可是，这艘船却向相反方向驶去了。船长当即命令水手掉转船头，赶快向“神圣处女”号追去。

掉转航向的“戴·格基夏”号渐渐地接近了“神圣处女”号，但是在它的甲板上没有看见一个人。

船长果断地命令自己的船员：“放救生舢板！大副、二副带一名水手去检查一下，看看那里究竟出了什么事情。”

“神圣处女”号的甲板上潮湿而污秽，到处是一片凄凉景象。高高的桅杆上只挂着两片破碎的小帆，支撑帆篷的竹竿不时地撞击着船桅，发出噼噼啪啪的响声。小舢板绕船一周后，发现“神圣处女”号的船体没有任何损坏，舵也是正常的。那么，它的船员究竟到哪里去了呢？

大副波迪、二副伊德和水手3

直布罗陀港口

人登上“神圣处女”号甲板。驾驶室里空无一人，连平时不可少的舵工也看不见。甲板上帆缆和绳索纠缠在一起，有几根断头的棕绳拖挂在舷外,在海面上激起一朵朵水花。货舱敞开着，里面杂乱无章地装满了植物油、煤油、石油、酒精和醋酸。客舱的走廊里，开着的房门在海风中不停地摆动,并发出可怕的响声。

跑进船长室，里面也是空无一人。借着从舷窗透进来的阳光，可以看到室内很零乱，但是迪波很快发现在写字台上一尊耶稣塑像旁边，引人注目地放着一本翻开的航海日志。他们迫不及待地翻阅了一遍，终于知道了“神圣处女”号此次航行的大概情况：

“神圣处女”号1872年11月5日从纽约起航，终点港是大西洋彼岸的欧洲——经直布罗陀到意大利的热那亚港，预计航行一个月。船上的货物主要是1700桶酒精，其次是植物油、煤油和醋酸等货物。

这次航行除船长皮·布立古斯外，还有大副、二副、4名水手及1名厨师。

由于冬季来临，“神圣处女”号出港不久，就遇到恶劣的气候，船只不得不在斯达顿岛进港避风。

11月7日，天气转好，“神圣处女”号日夜兼程，在茫茫无际的大西洋上度过了20个昼夜，终于驶

意大利热那亚港

近了亚速尔群岛，渐渐地向欧洲海岸接近……

航海日志的最后记载是："1872年11月24日，船位是北纬36° 57′，西经27° 20′……"

大副还看到台子上有一块石板，它通常是值班驾驶员作记录用的，上面写着："1872年11月25日上午8点，'玛利娅'号在预定航线上，距亚速尔群岛圣玛利娅约10千米。"这说明在此以前，船上一切是正常的。

大副打开写字台的抽屉，里面有写着字的纸、旧报纸、信封、绘图仪器和两本《圣经》。在另外一只放书的抽屉里有一只精致的小木匣，里面珍藏着闪光的珍珠、金戒指、手镯、项链、钻石饰品和纪念章。另外一只匣子里放着一大扎钞票，面值为10英镑，下面是一沓美钞，面值为20美元。抽屉和木匣都没有上锁，这些贵重东西的存在，至少可以排除航船遭海盗袭击的可能性。此外，舷窗边上还挂着一件尚未缝完的儿童衣衫，地上乱丢着各种玩具，由此可以猜测船长还带着妻子和孩子一起横渡大西洋。

当他们走进厨房时，看到船上还留着充足的粮食和副食品，水舱里的淡水也是满满的。因此，"神圣处女"号也不是由于缺粮断炊而弃船的。厨房里有一只活泼快乐的小狗，见了波迪他们汪汪地叫个不停；一只黑猫可怜地守在锅台旁，发出咪咪的叫声；唯有那笼中的鹦鹉由于没有人喂食，已显得饥饿难熬。遗憾的是，这些动物都不能向来客叙说它们目睹的情景。

大副迪波等3人在船上搜索了一遍之后，断定"神圣处女"号上既没有活着的人，也没有死者的尸体。随着船的摇动，在寂静的海面上只听到索具发出嘎吱嘎吱的声音。他们呆呆地站在甲板上，感到一阵可怕的战栗。

大副迪波返回"戴·格基夏"

古老的罗经

号后，向莫尔哈乌斯船长汇报："船长，我们检查了全船。那是一艘非常奇怪的船，上面没有任何人，真是不可思议……"接着，大副又向大家介绍了以下一些情况：

你知道吗

什么是大副

大副简单的理解，就是第一副船长，可以在船长无法指挥的时候接替船长指挥全船，大副也不行了，就二副顶上。当然，现实中几乎不会发生这种情况，即使船沉没了，怕是大副也没有机会晋升船长了。所以平时，大副，二副，三副，甚至六副，全部都有自己的具体职责，当然，当船长正在睡觉或者生病没有出现的时候，如果大副在，则大副即是指挥官。

在驾驶室的地板上有一只摔坏的罗经，但舵轮完全正常，船仍可以正常航行。

船上的救生舢板不见了，并留下了降落舢板时的痕迹；航海日志的草稿记着11月25日8点的船位，这是正常航行的最后记录。

船舱里留下了惊慌逃跑时的景象，是在中餐进行中发生意外，饭菜还只吃了一半。

船上的粮食和淡水贮备充裕，可判断不是由于缺吃少喝而弃船。

桅杆上的帆只剩下两片，其余都失踪了。

船长室很乱，但贵重物品全在，满船的货物也没有丢失，所以不会是遭劫……

"神圣处女"号从失去控制到被人发现，已经在大海上漂泊了9天，从亚速尔群岛的南方漂到了东北方向，而且还在向西漂移。

变幻莫测的大西洋坟场

1. 大西洋的南坟场

美国东海岸，北纬35°14′、西经75°31′处有一条狭长的沙滩，叫作"外浅滩区"。它把碧波万顷的大西洋同美国大陆蜿蜒曲折的东海岸相隔开，其最狭窄处只有百米宽，最宽处也不超过4千米。大西洋的汹涌波涛把外浅滩区冲出一道道缺口，切割成几个小岛，其中比较大的有哈特勒斯岛、奥克拉科克岛、罗安诺克岛和朴次茅斯岛，构成了举世闻名的死亡之地，俗称大西洋的南坟场。

哈特勒斯角海区是世界上最危险的海区之一。那里浅滩簇簇，海流复杂，风云突变，浓雾沉沉，即使是经验丰富的老海员途经此地时，也要提心吊胆。

世界上最大的海流——墨西哥湾暖流，以每秒5500万立方米的流量在哈特勒斯角转向，浩浩荡荡折向东去，与北方南下的拉布拉多冷海流相遇，使这一带的气候变得非常复杂。这里会形成巨大的激浪裹挟着沙石和贝壳向海岸扑打。冬季来临时，拉布拉多冷流的强大冷锋又使这里产生浓雾和雷暴。

你知道吗

什么是雷暴

雷暴是伴有雷击和闪电的局地对流性天气。它通常伴随着滂沱大雨或冰雹，而在冬季时甚至会随暴风雪而来，因此属强对流天气系统。在古老的文明里，雷暴有着极大的影响力。不论是中国古代、古罗马或美洲古文明皆有与雷暴相关的神话。

这里的海风一向以出没无常而著称。每年10月至来年4月，即使是一阵微风也可能在瞬间变成一场威力无比的狂风，吹起海滨的沙石和贝壳，以遮天盖地之势向陆地侵袭，把果园掩埋，把街道堵塞。1944年9月的一场大风暴，以每小时110海里的高速席卷哈特勒斯角。当时所有的风速仪全部被吹掉或损坏，以致无法记下正确的资料。

这里还经常出现使海员们胆战心惊的“南方黑暗”。它是一种十分奇特的大气现象：海面上微波荡漾，天空中万里无云，在刮起东北风之前或正南风之后，南方的天际线上突然会蒙上一层昏暗的色彩。当这种“南方黑暗”降临时，船只会发生航行误差，陷入浅滩而不能自拔。这种奇特的天气现象，目前还无法解释，有人认为与百慕大三角区的“绿雾”一样，可能与电磁场的作用有关。

蒸汽升腾如雾的墨西哥暖流，也是航海家的天敌。每当风暴肆虐时，暖流表面的海水大量蒸发，使海面的能见度变得很差，给航行安全带来很大危害。

美丽的墨西哥海

400多年以来，有3000余艘船舶先后在哈特勒斯角海区遇难，其中220艘有具体的遇难日期、地点和船名的记载。时至今日，在哈特勒斯角的外浅滩下还埋藏着葡萄牙人华丽的轻便帆船、西班牙人的大型货船、西印度公司的航船和近代钢船。这些都是人类为认识哈特勒斯角而付出的沉重代价。正是因为这一点，它才成为名副其实的大西洋南坟场。

荒凉的海岛

2. 大西洋的北坟场

塞布尔岛位于世界上最活跃和最繁忙的北大西洋航线上，是造成许多船只失事的灾难之岛。在碧波万顷的北大西洋上，人们很难发现它。即使在最好的气象条件下，人们只有站在甲板上仔细瞭望，才能发现天际线上的一条沙洲。

海岛周围天气多变，是使船舶遇难的另一个原因。这里永远弥漫着朦胧的雾纱，水汽腾腾，使航海者感到头痛。每年秋末冬初，狂风推波助澜，使人望而生畏。冬季的大风雪连续几个月逞威肆虐，巨浪咆哮怒吼，使海面翻腾不息。岛上很难找到树木，只有在低矮的沙丘之间，偶尔才能找到一些不怕疾风的劲草。

塞布尔岛四周的浅沙滩变幻无常，成为大西洋北坟场的海洋泥沼地。它使遇难之船陷入泥沙的重围，黏滞着不能动弹。即使是长百米的5000吨巨轮，驶入塞布尔流沙区之后，也很难逃脱覆灭的命运，只需两三个月就会被贪婪的沙滩消化得无影无踪。变幻莫测的浅滩流沙，成了航船的坟墓。

据近代的统计，1800年以来，每两年就有3艘船只在北坟场遇难。在海岛厚厚的沙层下，沉睡着北欧的海盗船、西班牙的商船、法国的渔船和英国的三桅帆船。

今日塞布尔岛上，设有加拿大的水文气象中心、无线电站、现代化的灯塔和救生站。那里拥有全天候的救生船和直升机，有一批训练有素的救生人员，一有险情马上可进行救助活动。岛上东西两座灯塔闪烁着永不熄灭的光芒，指引着航船安全航行。在风平浪静的海况下，16海里外的船只就能见到两座灯塔的闪光。灯塔警告人们：前方是塞布尔岛。

失踪的“蝎鱼”号

在神秘莫测的大海深处，是否真的有神话传说中经常出现的那种妖魔鬼怪？这至今仍是一个谜。因为许多船只在大海深处的神秘失踪至今仍令人费解，美国两艘“蝎鱼”号潜艇的失踪便是其中一例。

在第二次世界大战中，美国潜艇“蝎鱼 SS278”号给予敌人的打击正如蝎鱼那样有破坏性。这艘刁钻狡猾的潜艇既能在深水中徘徊，又能在浅水中疾驶。它是美国舰队中第五艘以这种毒鱼的名字命名的舰艇。战争期间，它活跃在太平洋水域，声名不亚于那种伤人致命的海中动物。

它勇敢地攻击重兵护航的日本货轮；灵巧地躲过雨点般密集的深水炸弹；击沉货轮、驱逐舰和配备重型武器的巡逻舰。它在突然袭进和快速撤退上创下了惊人纪录。

1943 年 5 月 8 日，那艘潜艇结束了它的首次巡航，返回珍珠港休整检修。3 个星期以后，“蝎鱼”号再度出航。它在中途岛加足燃料，向东驶向台湾—对马—长崎航线。在这第二次出航中，它遭遇了一场艰苦的战斗。

7 月 3 日上午，目视记录证实

美国珍珠港

海上有5艘由护航驱逐舰护航的货轮。“蝎鱼”号立即开往作战位置。它向不同方向发射5发排炮和3枚鱼雷,很快就听到了它们的爆炸声。两艘货轮“阿山丸”号和“国友丸”号被它击中。

由于敌方护航舰几乎跟它处于同一方位，“蝎鱼”号顾不得看清究竟,它射出最后一炮就开始下潜，同时关掉螺旋桨，以免搅起泥沙，一声不响地潜在海底。

7枚近距离深水炸弹在它周围相继爆炸了。潜艇被震得摇摇晃晃，像一只玩具小船。艇上全体官兵紧张地听着一声声爆炸声，炸弹却一颗也没有击中！

两分钟以后，一根链条碰到了潜艇外壳。官兵们屏住呼吸，谛听着金属链条刮擦潜艇发出的令人不安的声响。紧跟着又是一颗深水炸弹的爆炸声。“蝎鱼”号开始慢慢地移动，它想改变航向，转移到较深的水域去。

潜艇又一次被链条探到了。像上次一样，随之而来的是深水炸弹的爆炸声，1颗、2颗、4颗、8颗！炸弹一个接一个地落下，潜艇不停地摇摆震荡，但是“蝎鱼”号没有被击中，它慢慢移进了深水区，逃脱罗网，平安地离去了。

它并没有遭到什么实际的损坏，只是通信设备完全失灵，有8天时间没能跟基地取得联系。此后它离开作战区域，于7月15日返回中途岛，8月中旬抵达珍珠港检修。这一次，由于作战英勇，它获得两枚星章。

10月中旬，好斗的“蝎鱼”号再次出发巡航。它驶过“魔鬼海”，在马里亚纳群岛附近追逐“神秘船”，攻击由军舰护航的运输船队。到11月初返回珍珠港时它拥有3枚星章，成为一艘英雄潜艇。

1943年12月29日，在M.G.施密特海军中校的指挥下，“蝎鱼”号出海执行第四次巡逻任务。那是它的最后一次巡航了。

“蝎鱼”号重返“魔鬼海”水域，投入作战。在离开珍珠港以后的第5天，它用无线电呼叫求援，它说艇上1名船员上臂骨折，要求跟当时正在那一水域的“鲱鱼”号会合。但是海上波涛汹涌，“鲱鱼”号无法让伤员登船，也不可能把他送到中途岛去治疗。

“蝎鱼”号了解到这一情况，就于午夜前后回电说:“情况良好。”这是那艘潜艇发回的最后一句话。从那以后，它便杳无音信。基地命令它通话，也没有回音。最终海军只得断定,“蝎鱼”号在战斗中被毁。

然而事实真是这样吗？

战后人们仔细检查了日本人的档案，查寻有关那艘屡建功勋的潜艇的材料，但是没有得到丝毫线索。它没有被敌舰击沉，当时日本人并没有见到过它。到今天为止，找不到点滴材料说明它的下落。没有留下一点痕迹，没有一片残骸。它和艇上5名军官及54名士兵一起，在“魔鬼海”的无底深渊中消失得无影无踪。

虽然“蝎鱼”号已经不知去向，但人们并没有忘记它。海军把它的英勇战绩记入了史册，以表彰随它丧命的官兵。

神秘沉没的“阿夫雷”号潜艇

20世纪50年代初，“阿夫雷”号是当时世界上吨位最大的一艘潜艇，也是世界上装备最精良的潜艇之一。作为潜艇部队的代表，“阿夫雷”号一直是英国海军的骄傲。然而，天有不测风云，1951年4月16日，“阿夫雷”号在英吉利海峡训练时突然失踪，失踪原因至今仍是一个谜。

当时，“阿夫雷”号正在朴次茅斯到伐尔茅斯之间的海域进行巡海训练，艇上共有75名官兵，其中有24人不属于这条潜艇，他们到这

远眺英吉利海峡的大海

里参加首次训练，有些人是第一次出海。“阿夫雷”号在下午4时出发，晚上9时，基地接到它发出的信号：“本艇即将沉没！”

随后，不管基地如何呼叫，“阿夫雷”号再也没有了音讯。它就这样在海底神秘地失踪了，没有人知道它到底发生了什么事。

英国海军在接到“阿夫雷”号的信号后，立即下令实施一个名为“海底碰撞”的营救计划。

然而，让人感到棘手的是，“阿夫雷”号的失事原因究竟是什么，这实在让人捉摸不透。根据英国海军的分析，可能是海上风暴导致了“阿夫雷”号的失踪。但也有人认为，“阿夫雷”号舰长海军上尉布莱克经验丰富，他应该完全能够应付这种情况。尽管未能确定失事原因，在几个小时之内，来自比利时、美国和法国等国的40余艘舰艇还是马上展开了紧张的搜索行动。

飞行在海洋上的飞机

第一次搜索毫无结果，“阿夫雷”号就像从空气中消失了一样。英国海军不死心，马上进行了第二次搜索。在这次行动中，英国海军动用了一切可能的先进设备，在“阿夫雷”号失踪的海域展开更加全面、细致的搜索。扫雷艇、驱逐舰和护卫舰等舰只用潜艇探测器对英吉利海峡的海底进行探测，战斗机、直升机等各型飞机对海面进行扫描。在付出巨大的努力后，搜索结果却令人失望。

行动结束后，英国海军发布了一个简短的声明：鉴于搜索工作再也不能营救遇难者，因此海军部决定停止对“阿夫雷”号潜艇的搜索，同时表示极大的遗憾！

救援工作就这样草草结束了，“阿夫雷”号失踪之谜被暂时搁置起来。但是，专家们却并没有放弃对“阿夫雷”号失踪的研究。不久以后，特丁顿研究室的专家们研制出一种水下电视装置，他们利用它在水下对“阿夫雷”号再一次进行搜索。1951年6月14日，它在赫德深海一角发现了看上去极像“阿夫雷”号的潜艇残骸。通过对多角度拍摄的图像的研究和多次分析，专家们终于确定，那就是“阿夫雷”

号的残骸。

虽然找到了“阿夫雷”号的残骸，但对于“阿夫雷”号的失事原因，人们仍然众说纷纭。从屏幕显示的图像上看，舰艇上的桅杆已经折断，有人据此认为它遇上了风暴。然而检查结果表明，那是由于船桅的焊接不过关造成的。当局的说法也与此不同，他们怀疑“阿夫雷”号是因爆炸而沉没的，尽管这种说法根据并不充足。

奇异的海底游魂

美国佛罗里达州立大学的杰拉尔德·弗尼斯是个英俊而勇敢的水上运动员。1980年在夏威夷举行的“美洲杯”高度跳水比赛中，他将标高提到约46米线上。令人振奋的高度，一下子使整个跳水场沸腾起来。这是人类高度跳水比赛的第一次。无数台摄像机的镜头对准了杰拉尔德·弗尼斯。他完成了跳板、跳台在空中的直体、屈体、抱膝8种连续动作，场内一片喝彩声。他的未婚妻黛丝送来鲜花。他的父亲豪克逊博士是个地质学家，他鼓励儿子要为短时期内将高度跳水纳入奥运会比赛项目而奋斗，获得真正的世界高度跳水冠军。

比赛继续进行，又有29名勇敢者站在约49米的高度，同样完成了跳板、跳台空中的连续动作即直体、屈体、抱膝，个个做得完美无缺，与弗尼斯不相上下。棋逢对手，将遇良才，评委会无法排列名次。这时，克罗斯大亨对评委说，比赛继续进行，他承担变动后比赛的全部费用。克罗斯是美洲遐迩闻名的服装大王，他想在北欧打开销路，于是他将高度跳水比赛地点定在挪威一座神奇的半岛。这个半岛三面临海陡峭而下，海拔高度46米左右。半岛上十分平坦，宛如一块规则的运动场地，不知是土质的原因，还是无人光顾的缘故，地上不长一根草，只有几块残存的石基。

30名高度跳水健儿，相继来到挪威这个神秘半岛，准备决一雌雄。杰拉尔德·弗尼斯在父亲和未婚妻的陪同下，更显得精神抖擞。各国猎奇者，为了饱览这个带有强烈刺激性的比赛，早早地乘坐在游艇上等候。为防止事故发生，组委会配备了4艘救生艇。选手们身着玫瑰色的运动裤，在做跳水前的准备工作。这次评比的唯一标准是，看谁最先露出水面。这一动作的关键是入水角度，另外还有当脚离开大地时产生的初速。

一声枪响，30名勇敢者的双脚

神秘的海底世界

离开岸土。洁白肤色，玫瑰色的运动裤，背景是呈翠绿略带黄色的岸土，他们宛如30颗镶嵌在山间的宝石。刹那间，游艇上无数台照相机“咔嚓、咔嚓”忙个不停。海面上刚开放的30朵白莲花消失了，时间一分一分地流逝。两个小时过去了，仍不见一个人露出水面。观众骚动起来，预感到大事不妙！人们纷纷议论：肯定碰上了鲨鱼群，要不就是陷入了泥潭或撞上了礁石……种种猜测撕裂了岸上亲友们的心。黛丝悲伤地将手中的一束花抛向海面。

1天过去了，仍无1人回到海面。上司派1名潜水员入海探视，4个小时后却不见潜水员上来。船长判定潜水员氧气已用光，肯定葬身大海。船长决定再派一名有经验的潜水员下去，并给他佩戴安全绳和通氧管，以保证潜水员的安全和长时间能在水下作业。当潜水员下降到约46米深度时，一股强大的力量把船上的潜水辅助装置全部拖入海底。

第二天，克里斯蒂安桑的《明星晚报》刊登了30名高度跳水者跳入斯卡格拉克海峡，有去无回的消息。组委会不敢贸然行动了。他们请求瑞典派潜艇侦察海底。一艘ST-360型微型侦察潜艇，奉命赶到指定的海区。令人难以想象，微型潜艇也是一去不返。

目睹眼前一幕幕惨景，豪克逊博士陷入沉思。关于该处海底的地质情况至今没有任何文字记载，再不能盲目从事。他请求美国派来海底调查船，并亲自主持这次调查。WMAK-48海底调查船移动到这个神秘的海区时，指示器立即发出了停机的指令。豪克逊博士从电视监视器里看到了一股潜流在船前不远的地方流动。他看到海中有走动的人群，不仅有32个人和那艘微型潜艇，而且还有成千上万脚上拴有镣铐的人。难道这是幻觉？难道这些人还都活着？但调查船电视监视器同样记下了眼前的奇景。经测定，这里水质纯，不含与任何生物相关的微量元素。这里是暖流与冷流的交融处，形成了一股强大的旋涡。如果当时调查船不停机，也会被卷入这支海底游魂的队伍。经过分析之后，豪克逊博士明白了形成“海底游魂”的原因。原来海底岩石产生出一种射线，它能将尸体保存下来不腐烂，尸体随旋涡流动，就像活人行走一般。然而这成千上万脚上戴着镣铐的人又是从哪里来的呢？原来，17 世纪这里曾是一所监狱，将死刑犯人戴上镣铐投入海里是它惯用的刑罚。由于射线的作用，保存了这些尸体。后来监狱也慢慢沉入海底之中了。

顿时，这座半岛吸引了无数科学家。地质学家发现，这里的岩石是地球上从未见过的一种矿石。恰巧，苏联科学家在贝加尔湖沿岸也发现类似呈翠绿略带黄色的矿石，将其命名为“娜塔莉特”。1987 年，国际矿物协会发明委员会确认了“娜塔莉特”矿石。

为什么神秘的半岛沿海一方呈陡峭状，海深莫测呢？地质学家分析，原来斯堪的纳维亚半岛与日德兰半岛是连在一起的。史前的一天，一颗行星撞击了地球，造成了今天的斯卡格拉克海峡，形成了两个半岛。留在挪威的那座神秘的半岛，就是行星仅存的残骸。因此，这里的岩石才非常特殊，能放射出一种射线，保存了海底遇难者的尸体。

神秘莫测的海洋，有千千万万个不解之谜，人类的任务就是去拨开一片又一片的迷雾，让大自然造福于人类。

巨轮杀手“魔鬼海”

太平洋的日本东京湾以东洋面，以沉没巨轮而被称作“魔鬼海”。

日本东京湾的东侧为房总半岛，东濒烟波浩渺的太平洋。房总半岛最南端为野岛崎。它本来是个岛屿，1703 年的一场大地震，使那里的地壳隆起形成了半岛，与横须贺隔海相望，其间是进出东京湾的门户——浦贺水道。这里每天有许多巨轮进进出出，成为世界有名的繁忙水道。野岛崎以东海域，每年的 12 月至翌年 2 月，常常有一种高达 20 ~ 30 米高的金字塔形三角波，突然从海面喷涌而上，它本身包含有几千吨剧烈翻腾的奔涌海水，其力量足以把巨轮劈成两半。近十几年来，已有 10 余艘巨轮在此罹难，100 多人丧生。这里遂成为近代航海家们和飞机驾驶员们望而生畏的海区，习惯上称它为太平洋“魔鬼海”。该海区的地理位置是指北纬 30°~36°、东经 144° ~ 160° 之间的海域，位于北太平洋的重要航线上。它给现代海运带来了巨大灾难，有些巨轮在遇难前甚至连无线电呼救信号都来不及发出，有的虽然发出了“SOS”求救信号，但当救助飞机赶到时，巨轮早已销声匿迹，海面仅仅留下了漂浮物和浮油。

1980年11月27日7点50分，“尾道丸”号在美国南部的莫比尔港解缆起航。它的货舱里载着5.39万吨煤炭。它穿过墨西哥湾，进入巴拿马运河，然后又进入烟波浩瀚的太平洋，向日本驶去。

经过1个月的连续航行，“尾道丸”号到达北纬30°、东经160°的海区。这里是西太平洋低压中心的南缘。“尾道丸”号遇到了强西风和大波浪，航速显著下降。巨轮在翻腾的波涛中艰难地前进着。下面是该轮遇难前的一段航海记录：

12月28日19点30分，遇到较大的波浪和涌浪，主机转速从116转/分减为90转/分。

日本东京湾海域

29日8点，西风强，风力7级，波高6~7米，波长150~180米。航向275°～278°，巨浪拍打着船首右舷，汹涌的波浪冲上甲板，航速降至7~8节。

30日6点30分，西南风8级，涌浪高8~9米；主机85转/分，航速6.3节。8点15分，航向反转180°，顺风航行，对舱口盖、货舱、双层底和水密门等进行周密的检查，没有发现异常情况。

9点40分，风浪更大，并且继续加强。

14点30分，航向290°。海浪来自左舷20°方向，船体在前进过程中受到周期性冲击，船首在涌浪中起伏。正当船首随着浪谷下降的瞬间，突然在船首右舷出现十几米高的巨浪。巨浪将船头及第一号货舱抬起，船首被折断，上甲板遭到破坏。事故发生位置在北纬31°、东经156°11′处。

14点37分，货轮发出遇难警报。船长下达命令：准备放救生艇。通信长命令：发“SOS”求救信号。全船紧急动员。

16点30分，主机停车。

16点37分，船首向下倾斜角度越来越大，最后成了垂直状态，上甲板完全破坏。

16点49分，船首断离，向右舷的斜后方漂去，顷刻间消失在惊涛恶浪之中。可怜的“尾道丸”成了一艘无头船。

18点04分，航行在“尾道丸”遇难地点附近的日本矿砂船“达比亚丸”闻讯赶来，准备救助。

12月31日8点30分，对货舱和压载水舱进行检查和测量，发现2号压载水舱进水，3号4号压载水舱情况正常，然后从尾部排出260吨压载水，使纵倾得到平衡。

1981年1月1日5点20分，全体船员准备离船，留一台发电机继续运转，为航行灯供电，并点亮全部甲板灯，以免其他船只在黑夜中与难船发生碰撞。同时准备好4只气胀式救生筏，一只在甲板上预先吹胀，另外三只在海上吹胀，29名船员登上救生筏。

5点40分，船员离船完毕，救生筏在海浪中颠簸，全力向救助船“达比亚丸”号划去。

7点45分，29名船员全部登上“达比亚丸”号，安全得救。

北太平洋冬季的风浪是很大的，但是对万吨级以上的巨轮来说，并不能构成严重的威胁，因为在船舶设计时已经考虑了抗风浪的能力，然而，对于在“魔鬼海”掀起的那些高达20～30米的金字塔形的“三角波”，许多巨轮却难以抵御，以致被送进“魔鬼海”的深渊。

这种奇怪的“三角波”的形成原因，目前还是个谜。有一种猜测是：野岛崎以东海底是火山和地震活跃的地带，当海底火山喷发或海底地震爆发时，形成能量巨大的恶浪，当航行中的船舶遇上它时就会罹难。另一种看法是：来自不同方向的波浪和涌浪，在最恶劣的天气条件下，叠加形成的奇峰异波，当船舶与它遭遇时就要受难。

“魔鬼海”地理位置比较特殊。这里是世界著名的暖流——黑潮所流经的海域，因而水温较高。同时，从西伯利亚吹来的冷空气的前锋也正好到达这一带。每到冬季，这里的水温和气温就相差20°，因而海面上空经常产生强烈的上升气流。低气压的寒冷锋面过后，往往造成风向的突然改变，从而导致海面上汹涌的三角波。每年的年底到来年的年初，从西伯利亚来的冷空气南下，低气压通过这里时，就在海面上掀起狂风巨浪。野岛崎东面的海域是北太平洋最高的波浪区。

为了揭示“魔鬼海”三角波之谜，保证冬季北太平洋航线航行安全，日本准备在“魔鬼海”上建立自动观测海洋浮标。这种浮标的直径为10米，高12米，能自动记录大洋波浪、气压、风力、海流等资料。另外，还要派出海洋调查船，对海底地形、海洋气象、海洋环境作全面调查，以便综合分析海情。这些调查也许能解开“魔鬼海”之谜。

“赛勒姆”号神秘沉没

利比里亚籍超级油轮“赛勒姆”号，它于1980年1月17日上午，在西非塞内加尔近海神秘沉没。

事件发生时，英国油船“海神戟”号正在附近行驶。当他们发现远处有船遇难时，立刻驶近救援。这时，“赛勒姆”号已经冒起浓烟，并船头向下，缓缓地向大西洋中滑去。船长希腊人迪米特里奥斯·乔古利斯下令全体船员弃船，23人分乘两艘救生艇向远处驶云。“海神戟”号救起了他们，但对“赛勒姆”号已经无能为力。几分钟后，在人们的注视下，“赛勒姆”号最后露在海面的油轮层部缓缓地没入了水中。“赛勒姆”号最终沉没在了大西洋最深处的海沟里。事发之后，“赛勒姆”号所装原油的货主，希尔国际贸易公司向投保的英国劳埃德保险社索取保险赔偿。这是劳埃德保险社成立以来接到的最大一宗保险赔偿案，总赔偿金达5630万美元。

海沟

对于这次事故，劳埃德保险社表示怀疑，他们认为“赛勒姆”号是故意沉没的，如果这一判断属实的话，那将是有史以来最大的一桩海事诈骗案！为此，劳埃德保险社的保险和海洋事故调查专家们展开了周密的调查和分析。

你知道吗

什么是海沟

海沟是海底最深的地方，最大水深可达到1万多米。海沟是位于海洋中的两壁较陡、狭长的、水深大于5000米（如毛里求斯海沟5564米）的沟槽。

一段时间后，调查毫无进展。“赛勒姆”号故意沉没的证据并不充足。正当专家们一筹莫展之际，海运业内又爆出新闻！希尔国际贸易公司又对“赛勒姆”号的船主弗雷德里克·沙丹提出起诉，控告他在南非命令该船秘密卸下17万吨原油，从中牟利。

在此事发生之前，南非就已被列入阿拉伯石油生产组织的禁运名单。南非本国不产石油，对石油的需求完全依赖进口。由于阿拉伯石油生产组织的禁运，南非对石油的需求十分迫切。为此，南非比勒陀利亚政府不止一次对外宣称：南非将不惜一切代价，收取任何方式、任何地区的石油。这就是说，与南非政府进行任何形式的石油交易都将从中获得暴利。巨额的利润使许多人怦然心动，铤而走险。在这样的背景下，“赛勒姆”号的行为也就不足为奇了。一石激起千层浪，一时间，“赛勒姆”号事件搅得西方海运业沸沸扬扬，甚至惊动了英国伦敦苏格兰场，他们受人委托对此事展开了详细而周密的调查。一切疑点都集中在了“赛勒姆”号船主沙丹身上。

你知道吗

什么是苏格兰场

苏格兰场是英国首都伦敦警察厅的代称。伦敦警察厅负责地区包括整个大伦敦地区（伦敦市除外）的治安及维持交通。苏格兰场位于伦敦的威斯敏斯特市，离上议院约 183 米，是英国首都大伦敦地区的警察机关，1829 年在内政大臣罗伯特·皮尔主导之下成立。该机构也负担着重大的国家任务，像是配合指挥反恐事务、保卫皇室成员及英国政府高官等。

沙丹，36 岁，美籍黎巴嫩人，自称石油掮客和保险代理人，居住在休斯。1979 年 10 月，沙丹在英国开设了一家由他独自经营的牛津海运公司。11 月，他斥巨资 1150 万美元买下了一艘具有 10 年舰龄的瑞典超级油轮，并将它更名为“赛勒姆”号，一名自称伯特·斯坦因的 40 多岁男子应征成为“赛勒姆”号的船长。在召集了一些船员后，“赛勒姆”号开始了第一次航行。他们首先在科威特装载了 14.4 万吨原油，随后驶往意大利的热那亚，将原油卖给了意大利一家独立石油公司——庞杜依尔公司。成功完成这次航行后，希腊人迪米特里奥斯·乔古利斯接替了斯坦因的职务，成为“赛勒姆”号新的船长，在他的指挥下，“赛勒姆”号再一次从科威特运送原油。途经南非后，“赛勒姆”在塞内加尔近海失事。针对这些情况，苏格兰场决定双管齐下，一面对沙丹进行严密的监视，一面对乔古利斯及与此事有关的人员分别进行调查。经过不懈的努力，调查终于有了初步的结果。据推测，事情的经过大体是这样的：

12 月 17 日，“赛勒姆”号在南非最大的港口德班下锚。之后，他们秘密卸下原油，在油舱中注满海水，并将船体上的船名涂改了三个字母，使其变为“利马号”。次年 1 月 2 日，他们秘密起航，离开了德班。为了掩盖这一秘密交易，几天后的 1 月 17 日，“赛勒姆”号在塞内加尔内海故意沉没，制造了失事的假象。这样，他们既能在倒卖石油的交易中大捞一笔，又可以获得巨额保险金的赔偿，真是一箭双雕。

不少人相信，事实的真相就是如此。英国“海神戟”号船员对此提供了重要的证据。当“赛勒姆”号沉没时，他们亲眼看见这艘装载了十几万吨原油的巨轮溢出的原油极少，这在当时就引起了他们当中不少人的怀疑。不久以后，“赛勒姆”号的一个突尼斯船员提供了更为有力的证据。他向塞内加尔官方证实了“赛勒姆”号在德班的停留时间以及沉船时的大致情况，这和人们的预料大体相同。在沉船的那一刻，他肯定船内的原油的确很少。但在关键问题上，即石油是否被更换为海水，由于他不知内情，所以不敢肯定。由于在这一问题上没有确切的证据，调查陷入了僵局。

至于其他方面的调查，进展也不顺利。对于沙丹，长时间的监视一无所获；对于乔古利斯，虽然事实证明他的船长执照是伪造的，他根本不具备船长资格，并且他还与以往的一件沉船案有关，但在此次沉船问题上，由于乔古利斯声称，他的航海日志与油轮一起沉没了，当局对他无可奈何。

经过长时间的调查，结果仍然是“证据不足”。

第三章
风浪——惊心动魄的海难

面对平静的海面，意气风发的船舶可以比较大小，可以标榜强弱，可以梦想着到达目的地的欢欣或返回家乡的欢乐……然而当海洋忽然不再温顺，凶残肆虐的风浪前，生命、智慧、科技，一切都成了传说。

20世纪元年大飓风

在美国西部德克萨斯州的沿海，蓝色的墨西哥湾北部，有一个海拔仅1.5米，面积只有15.5平方千米的小海岛，这就是加尔维斯顿岛。虽然很不起眼，但由于隔着海湾与德克萨斯内陆分离，这里俨然是一个得天独厚的独立王国。因此，这里最早便成了大海盗拉菲特停泊船只的安全港湾。

到了20世纪元年，在这个6437千米宽的沙质小海岛上，几经开拓经营，一座繁荣发达的港口城市——加尔维斯顿市逐渐成长起来，成为当时美国第二大粮食转运港口，年进出口额达3亿美元，富裕程度位列全美第四。可是，就在1900年的秋天，正当加尔维斯顿市的市民们鼓足干劲，争取使这座城市得到更大发展时，一场生成于西印度群岛以南海面的强烈飓风袭击了这座蒸蒸日上的城市，几代人辛勤劳作的成果顷刻间化为乌有。

加尔维斯顿岛美景

说起墨西哥湾，人们马上联想到的是湛蓝的海水、明朗的天空、火辣的太阳、热烘烘的海风……除了气象专业人士，谁也不会相信，这个热情美丽的海湾竟然是飓风活动剧烈的区域。

因此，当气象专家和工程师们提议为加尔维斯顿岛修筑一道保护城市免受飓风袭击的防风海堤时，当政的城市领导人却不以为然。他们自负地认为,飓风总是来去匆匆，绝不可能毁坏这座经历过多次风暴洗礼的城市，耗费大量人力财力修筑一堵无关紧要的“挡风墙”，简直是杞人忧天，太不实用。

于是，1900年的加尔维斯顿城依旧毫无防备地矗立在茫茫大海中的一个方寸小岛上，以骄傲的姿态向大自然宣告：这是一座不设防的城市！

时间终于定格在1900年9月

7日。

黄昏，加尔维斯顿岛，太阳渐渐在远处的海平面上消失；白天的高温稍有减弱，但仍很闷热；不时地，海上吹来一丝微风，泛起的细弱海浪轻吻着海滩码头；空气仿佛凝固了一般，感觉不到流动，只有爵士乐队演奏的优美旋律和人们心满意足的欢歌笑语声在天地间回荡。

夜，渐渐深了。加尔维斯顿的市民们带着美好的憧憬进入了甜蜜的梦乡。喧嚣了一整天的城市开始沉寂下来。

1900年9月8日凌晨4时，负责值班巡营的驻扎该岛的第一炮兵师上尉拉菲尔蒂正高高坐在一门指向海湾的大炮上歇脚乘凉，突然，他隐约地看见东南方远处有一团黑压压的东西正迅速地向小岛移来。

嘿，那是什么？

他不禁好奇地紧盯着东南方，仔细地观察起来。凭一位炮兵上尉对物体移动速度的敏感直觉，他断定这团黑物的运动速度为每小时约50千米。不一会儿，越来越响的“呜呜”声传入耳中。同时，阵阵袭来的寒意不断加剧。拉菲尔蒂上尉不禁打了个寒战。接着，紧张惊惧的神情浮上了他的面容。此时此刻，他清楚地看到：随着那团黑物的逼近，海湾里滂沱大雨倾盆而下；海面上涌起了高达几尺、十几尺甚至几十尺的巨浪，不断冲过码头，停泊在那里的各种船只一会儿被抛向半空，一会儿又被扔回海里；有的船只在浪头推动下，连续碰撞码头，发出“轰隆”巨响，直至粉身碎骨；海湾附近的居民区和海湾对面的商业街很快就浸泡在倒灌进来的海水中。

还没等上尉回过神来，大风和暴雨就把他包裹起来。美国气象局的两位工作人员——艾萨克·克莱茵和瑟夫·克莱茵兄弟俩在飓风来临之初，就驾着轻便马车来到海边，想方设法地劝告、疏散集结在海滩和海湾居民区的人群到安全的地方去。可是，人们似乎并不把他俩的话放在心上，依然我行我素。

风越刮越猛，开始有好几栋楼房相继被掀掉了房顶或被推倒了墙壁，克莱茵兄弟连忙升起警报旗，试图报警。可是，很快地，已加剧到每小时160 ~ 190千米的风力刮走了旗子，连破旗布也吹得无影无踪。海水仍在继续倒灌进来。伴着倾盆的大雨，肆虐的洪水冲过街道、房屋……

尽了最大努力的克莱茵兄弟无法劝服执拗的人们，只好无可奈何地离开海湾，冲回家中去护送家人逃到安全的地带。在艾萨克的记忆中，洪水从下午3点到7点半之间一直在涨，大概7点半时，洪水就涨高了1.2米。

风越刮越烈，洪水越涌越凶。暴虐的飓风不仅连根拔起了大树，摧毁了房屋，还吹断了圣玛丽教堂顶上那用来系拉一座两吨重大钟的钢绳。沉重的大钟自空而降，发出巨大的轰响。在这沉闷的丧钟似的轰鸣中，整座城市飘浮了，摇动了……

加尔维斯顿市的三位领导人：斯坦尼·斯宾塞、查尔勒和理查德·罗德却仍坐在斯特兰德街的里特沙龙里品酒取乐，把平民的恐慌当成了嘲弄的笑料。但还没等他们把杯中的美酒饮尽，“轰隆”一声巨响过后，沙龙的一大块楼顶板正好压在这三位狂妄自大的先生们身上。

惊惧万分的人们冒着被风刮跑或被洪水冲走的危险，纷纷涉水逃往自认为安全的地方。许多人半道儿就淹死了；有的人跑着跑着就被狂烈的飓风卷带到高空，然后抛向地面摔死。到处泛滥的洪水漂浮着房屋的残碎片、吹折了的电线杆、树木、牲畜和人的尸首，还有许多棺材。看来，在飓风癫狂之后，洪水疯涨之时，死者的安魂之所也不得安宁。

天主教孤儿院是本城最古老的建筑之一。当飓风越刮越烈的时候，为了保护孩子们不让洪水冲走，院里的15位修女用绳子绑在腰间，围成一个大圆圈，把100多名吓得瑟瑟发抖的孩子圈在当中。晚上8点，在经受了将近20小时的吹刮之后，这座古老的建筑物突然倒塌。除两名7岁男童外，其余人全部遇难，成了这次灾难中最大的悲剧。

有700人挤到了市政大厅里，结果，一块塌落的楼板使50人丧生，几百人受伤。

又老又旧的加尔维斯顿火车站里也挤满了人。飓风照样毫不留情地吹倒了它的南墙，掀翻了它的屋顶，不少人被当场砸死，而更多的人则在恐慌中被挤倒踩死。

坍塌的房屋比比皆是，死亡受伤的人数在急剧增加。

更为糟糕的是，几乎所有的电线杆都被飓风刮倒，城市被切断了电源，人们只能在伸手不见五指的漆黑之中苦捱。可恶的飓风似乎存心要把这座曾经傲视过它的城市当成自己狂欢的乐园。它恶作剧地将一艘轮船推到了连接加尔维斯顿岛和陆地的大桥上，将岛上居民的唯一退路和外界援助的通道切断了。昔日繁荣兴旺、与大陆交往密切的加尔维斯顿岛顿时成了飓风肆虐、洪水泛滥的荒凉孤岛。

在巨大的灾难面前，潜意识中不屈不挠的求生欲望促使加尔维斯顿的人们与凶悍的飓风和洪水展开了艰苦卓绝的搏斗。于是，许多有关求生、幸存的故事和英雄事迹发生了。

一名服役于第一炮兵师的士兵在飓风来临时，和其他27名士兵一起，在乔治中士的带领下，跑到丹佛勘测学校躲避，结果被洪水冲走。和他同时被洪水冲走的其他15位同伴全被冲到海湾淹死了。只有他幸运地爬上了一个漂浮的屋顶，漂到了弗吉尼亚角。在风浪击碎了那个屋顶之后，他又迅速地抓住漂过身边的一根电线杆骑在上面，成了一位幸存者。

在尼古拉·力口拉格尔主教和詹姆斯·克尔温教父主管的教区里，屠夫梅尔的故事很富有戏剧性。这位曾经操纵牲畜生杀大权的男子汉在这场空前的灾难中失去了妻子和孩子。当只剩下他一人孤独痛苦地乘着一张木筏漫无目的地随波逐流时，黑暗中，他突然看见身边的洪水中漂过来两个惊恐的小脑袋，四只小手慌乱地拍打着浑浊的水面。他们还活着！梅尔不假思索地一把抓住了他们，把他们救上了自己的木筏。可是，简陋的木筏根本承受不了三个人的重量，开始下沉。为了保全孩子，英勇的梅尔毫不犹豫地跳下了木筏，一边费劲地游着一边奋力地推着木筏。可他实在太累了，没过多久就有点儿支持不住了。恰好这时，一个马槽向他们漂来，他连忙抓住这个马槽，把孩子们放了进去，并把马槽拴在一根没有被冲走的电线杆上，然后自己再爬上木筏，筋疲力尽地躺下，不一会儿就睡着了。直到这时，他也没有看清所救孩子的面容。当他突然惊醒时，发现自己正好端端地躺在没有水的街道上，早已忘了自己曾救过两个孩子的事。第二天，他才猛然想起，马上去找，发现两个孩子还在那个马槽里，并且不断地向他喊道："梅尔舅舅，我们在这儿。"原来，这两个孩子竟然是他姐姐的孩子。

大约晚上11点，风力渐渐减弱直至停息。高涨的洪水也于9日凌晨缓缓退去。城市里到处是断壁残垣、连根拔起的树木和电线杆子及残缺的尸首。全身泥污的幸存者神情呆滞地在大街上疲惫地寻找着自己失散的亲人。但是死难者的尸体处理却成了一个极其难办的大问题。港湾里和洪水还没退尽的街道上，到处漂浮、暴露着木材堆般的尸首。人和牲畜的尸体混杂在一起，开始腐烂、发臭，令人作呕。

为了消毒除臭，人们给尸体撒上大把大把的石灰、碳酸和樟脑。有2000多人被雇用来做死尸的收集掩埋工作。他们夜以继日，机械麻木地挖呀、抬呀、拉呀、埋呀……加尔维斯顿岛的沙滩下实在没有足够的地盘来收容如此众多死者的躯体。人们只好用驳船把大量的尸体运到公海里水葬。

可是海浪很快就把死难者的尸体又送了回来。无可奈何，人们最终选择了火葬。

熊熊的大火整整烧了一周的时间，令人作呕的气味飘荡在城市上空。浓黑的烟雾从燃烧着的尸堆上升腾而起，似乎在警告人们：应该造一道防风海堤了！

烟台“11·24”海难

1999年11月24日下午1点30分，随着最后一位乘客跑上船，客货混装船“大舜”号徐徐启动，离开烟台，向大连驶去。“大舜”号客轮隶属于山东烟大汽车轮渡股份有限公司，是1999年5月份才从日本购买的。该船仅在日本服役5年，设备较新，内部装备也不错。船长126.24米，宽20米，载重9000多吨，专用于烟台至大连航线。

起航时，海面上风力已达7～8级，浪高3～4米。随着“大舜”号的前进，风浪越来越大，终于迫使“大舜”号掉头返航。这时是下午4点20分，在狂风巨浪的冲击下，船在转向过程中剧烈地横摇起来。停放在底舱的汽车挣断了加固链，粗大的铁链互相碰撞，导致油箱起火，火势迅速蔓延开来。

刺耳的探火器报警铃惊动了船上的工作人员，还未等船员们赶到船尾，火势已经非常猛烈。据幸存者事后回忆说，当时船员们同时使用了4条水龙带灭火，但机舱却不能有效供水。

“开动水雾灭火系统！报警救援！疏散乘客！”有着19年航海经验的船长曲恒明下了命令。

此时，“大舜”号距养马岛约1.5海里。“呼救4号、13号”，“大舜”号呼救的无线电波传向四面八方。狂风怒吼声，恶浪汹涌声，紧急呼救声，船体摇动声，乘客慌乱呼叫

烟台“11·24”海难灾害

声……

一场灾难瞬间不期而至。

据第一个被救上岸的船员马沐池说，轮船起火爆炸事件发生前，船长已经安排乘客穿上救生衣准备逃生。当时船舱里的人大多被喊到甲板上，有的人是从窗户里用拳头砸碎玻璃拼命钻出来的。

船长、大副、二副、三副等7人都集中在驾驶台。

“大舜”号在失去动力的情况下，在海上漂流了6个小时。天太冷了，在甲板上冻了几个小时的乘客又被服务员带回船舱。22点30分，船舱开始进水，船体倾斜35°。底舱汽车全部滑向左边。23点38分，“大舜”号右侧接连遭到两个大浪横扎，仅仅三五分钟的时间，“大舜”号向左舷翻扣，随即沉没。

“大舜”号翻沉了，驾驶室里的船长等7人全部在一起。二副周国兴冷静了一下：他身后3米有一个通往外面的门，他摸到门框，猛地打开门，救生衣的浮力将他一下子拽到了海面。这时，他看到了“大舜”号自动弹出的救生筏在波涛汹涌的海面上漂浮着。他向离他最近的救生筏游去，救生筏上伸出两只友情的手，将他一把拖了上去。一直围绕在“大舜”号旁边，准备救援的海军军舰将周国兴救上了舰艇，同时还救起了12人。

辽宁岫岩县29岁农民张是元说，出事时他正在船舱睡觉。猛听轮船乘务员大喊：“快穿救生衣，到甲板上去！”张是元感觉船体晃动厉害，站不稳，船上乘客纷纷跳入冰冷的大海，他跳下后，被大浪一冲，抬头看到身边正好有个救生圈，围着3个人。过了一会儿，一艘海军舰艇急速驶来，救起了他们4人。

跟随着疏散跳入大海的人群，水性极佳的船员马沐池在漆黑的夜色中凭自己的经验，摸索着往岸边游。“海上太黑了！什么都看不见，我望着天往北游。一个浪打得我半天露不出头，海水直往口里灌，冰凉腥咸。拼命游了两个小时左右，看看四周没有人也没有船，真想一蹬脚认命啦！谁知道猛然脚下感觉踩到了陆地，我一下就跪到海水里去！”他立即被前来救援的烟台医院的救护车接往医院治疗。在第一批获救生还的人员中有徐志潮、雷秀光和一位姓宋的船员共12人。其中有一位姓朱的27岁的年轻人，他和父亲是为了运苹果乘船到大连，他躺在医院里极度痛苦，自己虽然生还，但是老父亲可能已死去了。

广东人徐建洵是最后一个上船的人。他是用拳头砸碎了舷窗逃出轮船的。有6个人也是从这个砸开的舷窗逃出的，生还了4人。徐建洵的右手缝了十几针。他说：“就是这只手废了也值。”

在此次失事船上共有260名乘客、41名船员和61辆机动车。生还者仅有36人。

香港遭遇台风

按照传教计划，香港大名鼎鼎的维多利亚的主教霍尔博士和他的4名均是三等海员的学生，一起驾驶着他那宽敞舒适的私人游艇“先锋”号，出了香港港口。

开头的航程极其顺利。一路上风和日丽，蓝天白云，海鸥纷飞，美不胜收。4天后的傍晚，原本微微泛浪的大海突然不起一点波纹，天气闷热得很，远远传来阵阵奇怪的响声，船上的人都同时闻到从海里飘散出的恶臭……

真糟糕！富有经验的霍尔主教预感不妙，观测后的数据表明，一股强大的台风正向他的游艇方向移来。要避开这场风暴显然已经来不及了，因为站在舱外的一名学生正用颤抖的手指着前方，恐惧地呼喊着：“白马！白马！……”

在香港，大多数人都知道，“白马”指的是向前奔腾的白帽巨浪，它常在强台风来临时出现。航行在海上的船只一旦遇到“白马”，必定船毁人亡。不幸得很，霍尔和他的学生们驾驶航行的“先锋”号迎面遇上了“白马”。转眼间，先是船舱和船身分了家；而后，台风吞没了霍尔主教和他的学生们……

与此同时，香港气象台也发现了这股迅猛扑来的台风。晚上8点40分，香港上空响起了台风信号枪声。可是，风速实在太快了。警报才响过20分钟，台风就从西面在香港港登陆。刹那间，昔日平静安全的海港掀起了万丈巨浪，天空中电闪雷鸣，大雨滂沱。当时停泊在香港港的11艘大船、22艘中型船只和2000多只舢板、帆船都被风婆婆的大手撸翻。

即使是上千吨的大船也不能幸免。2000吨重的美国邮轮“希奇科克”号被台风吹离海面，晃晃悠悠地越过海湾，像破旧玩具一般，被

台风带来的巨浪

抛落在海滩上；1698吨重的德国轮船“波特拉奇号”先被台风掀翻，压在“埃玛·露易肯号”和“蒙特埃格号”上，然后，又被台风“请”到了九龙码头；装备精良的法国水雷驱逐舰“弗龙德号”被巨大的海浪“送”上海滩后，又被时速达160千米的狂风卷起，恶作剧地让它不断地在半空中表演着翻筋斗的杂技。

也许是停泊在港口的大中型轮船较多，阻挡了一部分风力，因此，不少停泊在港口及其附近的灵活小巧的舢板和其他小船侥幸暂时逃脱了风婆婆的魔掌。

环礁湖，是一个由一条木质大吊桥与港口隔开的三面礁石林立的天然海中小湖。平时，这里的水域总要比港口平静得多，只有小船才可以在吊桥升起时划进去。在以往香港港遭台风袭击时，这个小湖保护了不少小船只。所以，当这次台风来临时，大家都想当然地断定那里肯定是一个较安全的避风港。船工们深信这一点，那些整日在码头上搬运的数以千计的苦力们也坚信不疑。然而，事后这个小湖没有看到一只完整的小船。

大约有8000人沉入海底，消逝在汪洋之中。但也有几百名落水的船员及其家属被一些勇敢的营救志愿者用竹竿和绳索从水里拉了上来。

这些志愿者中，有一部分是在兰楼公司服务的中国雇员。风暴初起时，看到各种船只接连翻覆，许多人掉进了水里，兰楼的老板罗杰就命令他的中国雇员们前往营救。当即有几十人二话没说，挺身而出，抓起竹竿、绳索，向风雨飘摇中的码头奔去，及时救起了数百名落水的外国船员。

风婆婆不仅在港口地区“玩”了个够，还闲荡到了九龙地区，在这里做着破坏性极大的游戏。好几百间木结构的房屋被掀翻了屋顶。许多未完工的建筑工地上，脚手架被吹散了架。那些搭脚手架的竹片木块顷刻间成了杀伤力极大的飞刀、飞镖，在九龙的上空肆意飞舞。成百上千的人被击伤、击倒。还有不少人被钉在了房屋和树上，其状惨不忍睹。输电线早被刮断，却不落在地面上，反而在风中跳起了“摇摆舞”。劈劈啪啪，断头处不时施放出耀眼的电火花。

第二天凌晨约1点，风婆婆终于慢慢离去。可是，这时的香港已被毁得面目全非。

这场灾难中，共有价值2000万美元的房屋建筑和船只被毁，1万多人丧生，其中只有20名欧洲人。事后，人们在一片片残破崩塌的房屋群中看到，大多数外国人居住的砖墙结构的寓所，除了个别玻璃窗被刮破外，几乎完好无损。这不能不说是一个发人深省的问题。

超载加风浪，小船沉没

“圣菲利贝尔”号是应南特航运公司的要求，于1923年在法国的圣纳泽尔船坞建造。这是一艘湖泊旅游船，圆头，近乎平底，有一座烟囱和一根桅杆。主甲板几乎是从前甲板一直到船尾，上面有头等舱和二等舱两层客舱。客舱之上是一个露天甲板,带有条凳,供游览者坐。虽然“圣菲利贝尔”号的蒸汽机功率不过23马力，它的烟囱却高于甲板8米。这连同高高矗立的售票亭式的操舵室使轮船像一只拖轮。

别看“圣菲利贝尔”号的尺寸和吨位不大，它却持有运载500名乘客的证书。怎么会给如此小的船发这样的证书呢？这个问题现在未必有人能做出回答。法国至今仍竭力避而不谈这一悲伤的事件，因为这个灾难是法国航运史上最黑暗的一页。

轮船公司的老板们很清楚，当“圣菲利贝尔”启碇离港、乘客们聚在一侧船舷看送行的人时，船向这一侧的倾斜达到了10°。可是“圣菲利贝尔”号基本上是沿河航行，所以船级协会“维里塔斯委员会”容忍了这一点。

8年来，“圣菲利贝尔”号承担着南特—圣纳泽尔的定期客运工作。

1931年的一个夏日，南特一家织布厂的管理处向“圣菲利贝尔”号的主人请求，在6月15日星期天租船旅游努瓦穆蒂埃——一座风景如画的大岛，位于比斯开湾，离卢瓦尔河口5海里，因生长着橡树林和金合欢而出名。南特航运公司同意取消该船的一天航班，并售给工厂管理处500张船票。

你知道吗

什么是金合欢

金合欢为含羞草科金合欢属，约700种，广布于全球的热带和亚热带地区，尤以大洋洲及非洲的种类最多，中国引入栽培的有16种，产于西南和东南部，其中比较有经济价值的有金合欢和台湾相思，前者的根和荚可为黑色染料，花可制香水，后者为荒山造林树种，木材供制器具用，树皮含单宁，提取之可为渔网和布的染料。

7点整，跳板收起，“圣菲利

贝尔”号离开码头。经过3.5个小时的航行，船在圣纳泽尔作了短暂停留，然后又顺河而下。东南风转成南风并加强了。轮船还未驶入海湾，在卢瓦河高高掀起的浊浪中就摇摆起来。许多参观者开始晕船。

2小时后，船终于在努瓦穆蒂埃岛的木制纵向码头上靠岸。乘客们拿起装食物的篮子和毯子，有的去努瓦穆蒂埃的橡树林里去野餐，有的去采金合欢。约3个小时过去了。中午时分，南风强烈起来，“圣菲利贝尔”号的船长奥利夫急着返航了。

约有30名乘客在从圣纳泽尔来的途中就呕吐了。他们宁愿留在岛上，决定等潮落后，沿着连接岛与大陆的狭窄堤坝步行回家。

船离开码头后，风向已偏西。风赶着云层由比斯开湾刮向河口。天气状况时刻在恶化。船一离开岛的遮挡，风就猛烈地吹到左舷上。浪头扯碎的白沫飞过舷墙，打上船舱的舷窗。

轮船摇晃得越来越厉害。“圣菲利贝尔”号因吃水不深和甲板上的上层建筑很高而偏航。虽然蒸汽机在极速旋转，船保持原来的航线却愈来愈困难。

努瓦穆蒂埃岛的北端离卢瓦尔河口湾南边的圣日尔德岬的距离相对不远。“圣菲利贝尔”号只要绕过此岬，就能获得艉风，并在它的推动下迅速驶入河口。然而轮船在绕行圣日尔德岬时，船左舷已完全置于风的劲吹之下，因而倾斜得更严重了。大浪打碎了头等舱的几块玻璃。里面的乘客吓得跑出舱，来到下风舷的甲板。这足以让已向右舷倾斜的轮船进一步倾倒，并已正不起身了。

初起的风浪

“圣菲利贝尔”号侧卧水中，被冲来的大浪淹没，不到一分钟就沉入了水底……刚刚还载着500名乘客的轮船所在地，浪头翻滚，大风依旧。

后来在分析惨剧发生的原因时，圣日尔德岬上救生站的一个观测员报告说：“我用望远镜观察着

汹涌的风浪

这艘船。它驶近夏特尔浅滩的浮标时，我瞬间将目光转向旁边。我强调一遍，是瞬间！当我再看那个地方，船已经没了。这片海湾荒无一人，所看到的只是大浪。我起初以为，船是隐没在浪花的飞沫中，可实际上它已消失在大浪中……”

“圣菲利贝尔”号在圣日尔德岬附近夏特尔浅滩的浮标之间沉没，距离圣纳泽尔西南约有8海里。救援人员半小时后赶到，但只救起7人。领港艇从水中拉起6人，他们抱着一个从甲板上冲下来的木凳在漂浮。后从圣纳泽尔开来的拖轮从浮标上又救起1人。

你知道吗

什么是浮标

浮标是浮于水面的一种航标，是锚定在指定位置，用以标示航道范围、指示浅滩、碍航物或表示专门用途的水面助航标志。浮标在航标中数量最多，应用广泛，设置在难以或不宜设立固定航标之处。浮标，其功能是标示航道浅滩或危及航行安全的障碍物。装有灯具的浮标称为灯浮标，在日夜通航水域用于助航。有的浮标还装雷达应答器、无线电指向标、雾警信号和海洋调查仪器等设备。

整个夜晚，南特航运公司的大楼前人声鼎沸。死难者的家属要求船主们为他们的妻子、父亲、孩子的死负责。为什么让内河船去比斯开湾？为什么船上既无救生艇，也无救生圈？为什么船长奥利夫不等恶劣天气过去而急于返航？500名乘客的下落在哪里？

南特航运公司的老板们回答不了所有这些“为什么”和“在哪里”。法国航运部长本人也给不出答案。他唯一能做的是正式宣布，“圣菲利贝尔”号是遇飑而翻沉，有342人遇难。然而这都是谎言。

南特织布厂的统计更为精确。已经弄清楚，船上卖出整整500张票，岛上留下了28人。7岁以下的儿童免票，而大部分旅游者上岛时都带着孩子。这一点很快就被悲惨的事实所证实：3 天后，比斯开湾的潮水冲上奥莱龙岛、费岛以及圣日尔德岬有近 100 具童尸。

几个月后，南特和圣纳泽尔的骚动平息下来，法国航运部更正了自己的声明。它宣布惨剧中死亡的人数是 462 名。这一数字是通过计算卖出的票 (500 张)、轮船上的船员 (7 人)、留在岛上的旅游者 (28 人) 和获救者 (7 人) 而得出的。然而这仍然不是死亡人员的准确数字。

大海旋风袭击东巴基斯坦

1960 年 10 月，20 天内，面临孟加拉湾的东巴基斯坦两次遭到旋风的袭击。

这一地区的土著居民以渔民和农民为主。印度洋丰富的渔业资源使得渔民一年大部分时间都可出海捕捞。另一方面，作为恒河平原的一部分，其灌溉农业也很发达，恒河丰富的水源提供了农业丰收的保障。同时，随着现代航运事业的开拓，吉大港等港口日渐繁荣，每天进出港的货物很多，城市建设有了很大改善，商业贸易也兴旺起来。因此，如果不是旋风的袭击，这一地区可以说是富足的。历史上这里就曾多次遭受风暴的袭击，造成强度不一

遭遇袭击的灾民

的损害，1960 年 10 月的两次旋风则造成了惨重的损失。

10 月 10 日，来自孟加拉湾的旋风以 110 千米的时速迅速向东巴基斯坦推进。当时，几乎是在人们尚未察觉的情况下，旋风即抵达近海，并将来不及躲避的在那里作业的几百条渔船倾覆。狂风卷起巨浪，风暴急剧地旋转，如利爪一样攫起渔船，一下子把船抛在空中。跌下来的渔船不是头朝下没入水中，便是被波浪刺穿底部，散裂开来。许多船就这样在滔天的波浪中颠来倒去，被风暴吹折桅杆和船帆，直到破碎或沉没，船上的渔民没有几个能逃脱厄运。

旋风不满足仅仅在海上肆虐，它呼啸着向港口和陆地扑去。吉大港等地先后遭受袭击。在吉大港，旋风冲进深水港里，左冲右突寻找薄弱的环节。一些船只的桅杆被轻易地折断，小型船只则被力量极大的海浪凿沉。大小船只在风浪中拥挤碰撞，损坏颇多。一些船只为巨

大的风浪所推挤，搁浅在陆地上。港口的房屋80%被摧毁，许多建筑倒塌，一些高大建筑被狂风拦腰斩为两段，低矮的房屋往往先被风暴掀起屋顶，再淹没在随之而来的海水中。人们哭喊着、奔跑着寻求安全场所，但只是徒劳无益的挣扎。失去保护的人们试图抓住一些坚固的东西来抗拒狂风，但在勉强地躲过狂风后又被随之而来的海浪残忍地扑倒、击昏，在劫难逃。到处混乱不堪，旋风肆力极大，中心区卷起了许多东西。

风暴继续向陆上推进。离海岸较近的田野一片狼藉，旋风连根拔起了禾苗，海水侵蚀了土地。风暴在抵达恒河时也丝毫未减弱势头，它狂暴地横扫恒河两岸，像挥舞着铁臂的巨人把那些岛屿扫平。

许多地方在风暴和洪水洗劫之后都是一幅惨不忍睹的景象。在勒克瑙市，街道的洪水深达3.6米，水面漂浮着杂物与尸体，幸存者趴在摇摇欲坠的楼房上呼天喊地。在科克斯巴，许多居民无家可归。在诺阿克，也有80%的房屋倒塌，人员伤亡众多。

不仅东巴基斯坦，连邻近的印度一些地方也遭到了风暴的强烈打击。印度的兰加提以及哈提亚的海上岛屿，还有孟加拉湾一带的狭长地区，在旋风及其引起的洪水中备受摧残，损失惨重。

最终，这次旋风中仅人员死亡即达4000余人，受伤者不计其数。然而，人们并未预料到这远不是最终的统计结果，因为仅半个月之后，在31日那天，惊魂未定的他们即遭受到又一次更猛烈的旋风袭击。旋风再次重创这一地区，并变本加厉地造成更为巨大的损失。

这次旋风的袭击方式与上次如出一辙，但风速更快，高达每小时190千米，引起的海啸更强烈，危害也大得多。狂风在海上卷起几十米高的巨浪，疯狂地扑向海岸，把上次冲击后残存下来的防波堤彻底冲垮，直到荡然无存。海水肆无忌惮地直冲上陆地，把桑田变成沧海，良园化为泽国。村庄里，上次劫难的幸存者刚刚安葬完死者，擦干眼泪准备重建家园，看到风暴再次降临，几乎麻木了、绝望了。

海啸使近海的海平面上涨了许多，淹没了一些岛屿。库图普提亚岛的海水深达3米，持续4小时，居民逃生无门。而在陆地上的广大地区，洪水淹没了无数个村庄，不仅吞噬了一些居民的生命，还淹死了成千上万头牲畜。洪水退后，几乎到处都是人畜的尸体，散发着难闻的恶臭。农作物经过第二次洗劫，大面积绝收。

第二次旋风使1万人死于非命，数以十万计的人受伤或感染疾病。洪水淹死15万头牲畜，毁坏90万间房屋，使活着的大量居民无家可归。两次旋风成了东巴基斯坦人心灵上永远的创痛，一些幸存者痛苦地离开了这伤心之地，远走他乡。

1963年5月，强烈的旋风又袭击了这一地区，从其造成的严重后果看，可以说这是一场“死亡风暴”。

5月25日上午，东巴基斯坦沿海地带的天气晴朗，与平时并没有什么不同。中午时分，天阴沉下来，并越来越闷热。渐渐地，天空转晴，一切笼罩在昏黄的微光中。海鸟开始惊叫着盘旋。在吉大港和其他一些地区，有经验的居民们停止了工作，他们知道，这样的天色接下来就可能出现大风或雷雨。有人做起防护工作，加固自己的房屋；渔船和别的船只预备靠岸或进入深水港；工厂和政府部门准备提前下班；田野里劳作的人们也准备提前收工回家。

但风暴已急不可待，它的到来比人们预料的快得多。先是有巨大的尖啸声传来，紧接着吉大港外的海面已卷起排山倒海的巨浪。时速为240千米的旋风，以迅雷不及掩耳之势直达港口。旋风由无数个涡旋组成，互相裹挟着横冲直撞。每个涡旋的直径大小不一，有的只有1米左右，有的则达几十米，但都威力巨大，它们飞快地旋转着，把卷进去的东西快速旋到空中去，几百条在近海作业未来得及停靠的渔船成了最初的牺牲品，它们一条条被卷进漩涡又被抛向空中，然后从高处跌下，与飞速旋转着的利剑一般的海浪相撞，很快便粉身碎骨。有几条船还恰好是落到岸上摔碎的。海上风大浪猛，渔民大都被淹死。旋风卷起十几米乃至几十米高的巨浪冲向防汛堤，在反复的撞击下堤坝被击穿、击垮。在深港里，风暴到处乱窜，冲击着停泊在那里的大小船只。尽管有铁锚和串在一起的锁链保护，旋风还是轻而易举地损毁了一些船只。有时，它狂暴地打断船上的桅杆，撞烂甲板，洞穿船舱；有时，它像苍鹰抓小鸡一样揪起一只小船，让它在半空中飞行数十米甚至上百米后再跌得粉碎。一些船只沉没，有的散了架，漂浮在水面上的船板到处都是。最可怕的是旋风奋力把千艘轮船从停泊的港口吹卷到1千米外的陆地上，令人目瞪口呆。港口上矗立着许多装卸货物的塔吊，平时就像骄傲的巨人，这时也在风暴面前俯首称臣——旋风吹折了这些巨人长长的臂膀，让它们再也昂不起高大的头颅。在打击港口的同时，狂风飞快地冲向街道，大肆地撕扯遭遇到的一切。高大的建筑在旋风的强烈撼动下摇摇欲坠、东倒西歪；低矮的房屋很快倒塌，有的房顶被吹卷到空中。呼啸的风暴几乎无孔不入，横扫每一条大街小巷。瓦片乱飞，电线杆横倒，街上落满杂物。大树在旋风中剧烈摇摆,有的连根拔起飞到空中，有的拦腰折断，有的枝叶被削落，只剩光秃秃的树干。海浪汹涌着扑过来,在暴风的推动下扑打着一切。浪头就像一座推土机,破坏力极强，推翻了不少房屋。海浪随着旋风，一直深入到陆地达 5 千米——那是海水从未到达的地方。海浪所到之处，农田被毁，禾苗漂浮在水面上。

人们在风暴前所做的仓促准备起不到多大作用。风暴到来时人们徒劳挣扎。家园破碎了,亲人失散了，声嘶力竭的呼喊被风浪淹没了。有人抱住大树，就同大树一起被吹到空中翻滚；有人被卷进涡旋，随着涡旋漂移；有人死在倒塌的房屋下；有人被海浪吞没。吉大港成了暴风杀人的场所。劫后的港口一片狼藉，泥水中到处是人的尸体,惨不忍睹，繁荣的海港像地狱一样可怕，死亡人数高达 5000。

和吉大港损失几乎相当的是科克斯巴扎。该城房屋被毁一半以上，街道水深数尺，暴风和洪水夺去了 5000 多人的生命。

从 25 日到 29 日，旋风先后袭击了东巴基斯坦沿海 286 千米的地段。沿海有上千条渔船被毁，100 万个家庭被扫平。有的整个村庄被刮到海里。在风暴和海浪过后，沿海的许多岛屿已空无一人，满目疮痍。海水侵蚀过的土地多年后仍无法耕种。经历过这次悲惨劫难的幸存者们诅咒着灾难迁徙他乡。从破坏程度上说，这次旋风是 1960 年袭击东巴基斯坦旋风的 20 倍，共造成 2.2 万人死亡，受伤者不计其数，物质损失也相当巨大。

理查湾巨浪

1958 年，在美国阿拉斯加地区的理查湾，曾发生过一场有史以来最大的海啸，其波峰高达 520 米，远远超出人们的想象。

理查湾位于阿拉斯加南岸。圣特列斯山脉西边的海岸线，是比较平滑的，理查湾打破了这种单调，使得海岸线曲折起伏，向陆地深深地凹陷进去。粗看起来，这不过是极小的海湾：纵深不过 11 千米，最大宽度 3.2 千米；这片细长、中间宽阔的水域在湾口处，迅速变得特别狭窄。低潮时，湾口处仅300米宽，水深仅10米左右。但理查湾的海底很深，中央处水深达216米，而且在海湾左右两上湾岔的深处，又分别有理查冰川与北克利伦冰川流入。再加上它所面临的太平洋是海底地震多发区，海湾深处有两条贯穿冰川的东南—西北走向的弗亚维匝断层，理查湾便具备了发生海啸的条件，历史上曾发生过多次海啸。

1958年7月9日下午10点，理查湾一带接近黄昏。这片人烟稀少的辽阔河山，锦绣如画，万籁无声，看来并没有什么异常。海面上风平浪静，停泊在湾内的3只拖网渔船上，人们已经入睡。10时10分左右，理查湾深处的弗亚维匝断层，突然发生了地震，震级为里氏7.9级。地底岩层像痉挛一样不停颤抖，发生断裂、碰撞。海湾深处耸立着的陡峭悬岸，发生了大片崩落。一块约90米厚、700 ~ 900米长，总重量约9000万吨的巨大岩块泰山压顶般砸向吉尔伯特湾岔的海面，发出震撼山岳的巨响。巨大的重力激起巨大波浪，地震和山崩引发了这次历史上最大的海啸。

在山岩迅猛扑落时，海水受到骤然冲击，像受惊的兔子那样直蹿出去，迅即矗起，形成了高速传播的巨大波涛。滔天巨浪在海水的支撑下，越过山脚，一直向南方挺进。洪峰首先到达的地方是理查湾南岸的一片陡峭的悬崖，在那里，巨浪的冲击高度达240米，水柱直冲云霄，接着又向北岸反射回去。巨浪搅动了海湾里的海水，使得水面异常动荡和混乱，水说不上是往哪个方向流动。波浪向海湾口涌去时，大约有540米宽，它向前翻滚着、扩展着，没有后浪驱赶，简直是从海湾下面跃上来的。在海湾中间，波峰形成30多米高的水墙，滚动的水墙像成千上万头凶猛的野兽，争先恐后地向海湾口扑去。波浪是直立着急剧向前运动的，甚至在横越海湾中的赛诺塔夫岛时，也没有被岛划碎冲破，波浪的高度约15米，像一座整体移动的水上山峰。

理查湾巨浪

山崩也同时引起了冰崩。海啸时，大量的冰块由冰川滑落，飞向海湾，又被巨浪裹挟着在空中翻滚。它们促使海啸以更大强度推进。第二天，人们在理查湾深处发现了大量的冰块，又大又明亮，特别显眼。一些大冰块的直径达30多米。一些冰块上夹杂着岩石碎片。在理查冰川接近海湾岔的末端，冰川后退了300多米。其原来的末端为一弯曲的三角洲形状，海啸后变成了陡峭的悬崖。

根据美国地质所顿·米拉博士的实地考察测定，巨浪的最高处在吉尔伯特湾岔西南突出的山脚下，也就是发生大片山崩的对岸。根据波浪所侵蚀的界线，米拉博士测定，巨浪扑到山坡上的高度为516米。而在这最大高度的地方，专家们步入树林时发现，海水曾淹没树干达数米。以此完全可以推断，巨浪高度为520米——这是历史上最大的海啸，它比此前记录的最大海啸还要高出7倍！后来进行的模拟实验证明这一结论是可靠无疑的。

海啸对人的打击并不大。由于经常发生海啸，这一带居民很少。当时海湾内有三只渔船，埃德利号船的缆绳被海浪击断，这只孤舟像一片树叶被巨浪托举着，越过海岸，向岸的南边直抛过去，然后又被巨大的波浪拖回到海湾里，幸而船主乌利希与他7岁的儿子平安无事。巴加斯号渔船被抛向堤坝上空，被抛起的高度至少达25米。在巨浪的浪峰上，船尾在前，径直朝下，猛烈地跌落下来，简直像表演一场空中飞舟杂技，令人心惊胆战。船已无法操纵，任凭狂涛抛跌，最后船底被撞穿，沉没在浪涛中。船主斯温孙夫妇靠一只小小的救生艇，在浪涛中颠簸了两个多小时，被一渔船救起。斯温孙目睹了这次有史以来最大海啸的发生、发展的全过程，是这次事件最权威的见证人。圣玛号船是最不幸的，它在海湾口的南侧遇上灭顶之灾，船上的人全部葬身鱼腹。

这次海啸的持续时间并不长，只有25～30分钟，也没有造成较大的人员伤亡和财产损失。但其520米的巨浪高度几乎是不可逾越的，成为世界灾难史上的一大纪录。

奥基乔比湖风暴

1928年9月10日，这是一个值得奥基乔比湖地区居民纪念的日子。就在这一天，风光旖旎的奥基乔比湖遭到了大西洋飓风的袭击；这股飓风生成于非洲海岸，在它侵袭奥基乔比湖地区之前，已经以每小时370千米的速度，先后扫荡了加勒比海地区的瓜德罗普、波多黎各、多米尼加、巴哈马群岛等地。

在那里，它掀起巨大的海浪，招致洪水泛滥，疯狂地扫掠无数的建筑，夺去数以千计的生命。

之后，它又携带着暴雨，游窜到美国佛罗里达州，来到奥基乔比湖地区。与飓风结伴而来的暴雨可是飓风的老拍档。一直以来，它跟着飓风，可干了不少“坏事”。

朴实无华的奥基乔比湖堤外部要抵挡飓风的狂吹乱刮，内部又受一向相安无事的湖水的推撞逼迫，不禁痛苦地呻吟起来……

“轰隆”一声，奥基乔比湖堤终于经受不起折腾，溃烂决口。湖水喷涌而出，向湖周围的居民建筑群迅猛地冲去。

面对突如其来、奔腾直下的湖水，一部分市民吓呆了。他们惊惧得迈不开双腿跑动，只是呆呆地站在自家的窗前，亲眼看着汹涌的湖水冲进屋来，将自己席卷而去。有的人刚听到湖水奔涌的声音，身体已泡在湖水中；有的人刚来得及爬上一棵粗壮的大树，湖水紧跟着就涌到树下，强大的冲击力使树干摇摇晃晃，树上人纷纷被击落水中；还有的人及时跑到高地势的山坡，却眼睁睁地看着自家那片社区的房屋随着浩荡湖水的漫延，大多纷纷倒塌，使本来已很浑浊的水流更加肮脏。

家具、牲畜和亲人不断地从站在高地上的人们眼前漂过。风仍在没完没了地疾吹，稍不留神，就会被风卷走。水流实在太急了，往往不过几分钟，刚才见到的东西就漂得无影无踪。

面对幸存者的责难，暴虐的飓风丝毫没有愧悔的意思，继续呼啸着与暴雨携手扬长而去。

飓风渐渐远去，洪水慢慢消退。奥基乔比湖周围一片废墟，崩塌的房子比比皆是。没有倒塌的房子，外墙和地板全糊了一层厚厚的泥浆。被洪水冲刷过的房子里空空如也，椅子、桌子、箱子和床全漂走了。泥泞的街道上，处处堆积着杂物和人畜尸体。经过清理，人们陆续掩埋了2500具人的尸体。

远处，那道残破的长堤静静地矗立在湖边，默默地观望着这片杂乱颓废的地区……

2500条生命和2500万美元的物资损失，使奥基乔比湖地区的居民们余悸未了。他们集体向联邦政

奥基乔比湖

府强烈要求，要重筑一道更加坚固的湖堤。公民们的呼吁于1930年引起当时的美国总统赫伯特的重视。他亲自拨款500万美元，让湖区的居民重修防洪长堤。于是，一道136千米长、12米高的石堤在奥基乔比湖畔耸立起来，直至今天。

台风造成的悲剧

1933年10月中下旬，一次台风出人意料地在日本九州南部登陆，穿过兵库县西部向东北方向推进，由于造成了"屋岛丸"客轮沉没惨案，人们称之为"屋岛丸台风"。

1933年10月10日清晨，一个台风在雅浦岛南部形成。12日清晨，到达雅浦岛西北500千米处，风力逐渐增强，并向西北方向移动。19日上午6时，到达中国台湾以东的石垣岛时，台风中心气压946百帕，风速33米/秒，并以40千米/时的速度向东北方向移动，20日清晨4时在九州登陆。上午6时通过宫崎西部时，台风中心气压970百帕，但台风移动的速度加剧，超过70千米/时。上午8时，台风经过宇和岛附近，横穿濑户内海，正午时分又在兵库县登陆。当台风越过山脉(指日本冈山、广岛、山口、岛根、鸟取5县)时，中心气压为982百帕。

直冲云天的台风

傍晚，台风穿过若狭湾。台风中心离“屋岛丸”客轮最近的时间是中午12时30分左右。

“屋岛丸”总吨位947吨，装有燃煤的活塞式蒸汽机。这艘双烟囱三级客轮被限定沿海航行，它与“紫丸”一起往返于大阪与别府之间的客运航线。

台风来袭的前奏

你知道吗

蒸汽机的分类

蒸汽机按蒸汽在活塞一侧或两侧工作，可分为单作用和双作用式；按汽缸布置方式，可分为立式和卧式；按蒸汽是在一个汽缸中膨胀或依次连续在多个汽缸中膨胀，可分为单胀式和多胀式；按蒸汽在汽缸中的流向，可分为回流式和单流式；按排汽方式和排汽压力可分为凝汽式、大气式和背压式。

1933年10月18日晚8时，“屋岛丸”从大阪港起航，途经神户、高松等港口，19日抵达别府港。当日下午6时该船离港时，船前部吃水3.2米，尾部吃水3.8米。它经过大分等港口，20日上午7时40分驶抵高松港，又上来65名旅客，共载员122人，于上午7时50分离港，向神户方向驶去。

上午9时，盐见船长收听到大阪中央广播电台发布的气象预报：“中心气压为973百帕的台风正以50千米/时的速度向东北东方向移动，航行于济州海面的船只应特别注意。”由于“屋岛丸”当时所处水域的气压下降为988百帕，同时又远离台风预报的推进路线，所以船长对天气的变化并不特别重视。客轮继续保持原速航行，经过稻木岛时，船长让二副值更，自己便回到舱内去休息。

半小时后，“屋岛丸”看到了北方1海里处小豆岛的大角鼻灯塔，并把航线定为北76°东，在播磨滩水域全速向东航行。这时，风浪逐渐增大，船体摇摆不定，船身开始向左舷倾斜。上午11时左右，船左舷1海里处的鹿濑灯浮标由于下雨而难以辨认。为安全起见，“屋岛丸”将航向稍稍转向右方，不久便看到了淡路岛的影子。此时，航向为北68°东。

中午12时14分，经过距船右前方0.7海里处的江琦灯台时，二副下令以南68°东的航向驶入明石海峡。在明石海峡，由南面而来的风浪使得淡路岛模糊不清。刚刚通过海峡，风浪立时增大，船体的倾斜度也急剧加大，但“屋岛丸”仍在继续航行。

12时28分，客轮接近平矶灯标，值更的二副按惯例向船长做了报告。当时，船长从舱内不停地向外观察着风浪的情况。1小时前，当“屋岛丸”驶过鹿濑时，风向由东南转向南，当时船所处水域的气压为982百帕。在1小时里，气压竟下降了3百帕，这说明“屋岛丸”已处在台风的右半圆范围内。实际上，此时午间气象预报已经发布：“一股强劲的台风已转向东北方，正向大阪湾方向移动”(船长却没有收听)。他听取了航行报告后，登上了驾驶台。

2分钟后，当“屋岛丸”通过北22°东0.7海里的平矶灯标时，气压降为980百帕，台风方向为南南东，风速25米/秒。这时，风吼浪涌，船体剧烈晃动着向左倾斜。为了能驶入神户港，“屋岛丸”将航向转向北84°东，结果使船身左右摇晃得更加厉害。

12时40分，巨浪突然越过1米高的前甲板防波船舷,涌到船上。由于“屋岛丸”是一艘毫无防浪装置的三级客轮，海水轻而易举地便从各个舱口涌入船体内，致使船体越来越向左舷倾斜。巨浪连续不断地涌上甲板,情况变得更加严重了。当时虽采取了减速航行等措施，但船体的倾斜度仍在增加，继续航行已经没有希望了。

又过了15分钟，船长决定在须磨海岸的浅滩将船搁浅。在无可奈何的情况下，只能把船首对着风浪的方向稳住。水手们投下左锚，启动发动机并转舵，试图使船向右调转。与此同时,船长下令放下救生艇，通知旅客上艇，并拉动汽笛向岸上求救。

这时，由于船首向右过度急转，使得船体从南面一下子转向西面，造成了左舷正前方受风浪袭击的状态，使巨浪从容地涌上了本来就左倾的甲板。在救生艇放下后不久，船尾便于下午1时5分在离平矶灯标北84°东6.2千米、妙法寺河口南1.7千米处开始下沉。

发现了这一情况的须磨浦渔业合作社派出渔船试图救援，但巨浪

神户

使渔船无法驶出，最后只得用电话同大阪商船公司神户分公司联系。

神户海关兵库县港务部、神户水上警察局、大阪商船公司的汽艇和渔业合作社的渔船，以沉船露出水面的桅杆为中心，进行了连续几天的搜寻救援。结果，122名乘员中，只有55名被救起，共有39名旅客和26名船员溺死，另有2名旅客下落不明。

海啸吞没三桅巡洋舰

海洋中发生地震会引起可怕的海啸，掀起狂涛巨澜的海啸破坏力极大，它不仅能摧毁岸边的港口和城市，也会使停泊在港湾中的舰船倾覆沉没。俄国三桅巡洋舰“基阿娜”号就是在一次海啸中葬身海底的。

1853年9月底，“基阿娜”号奉命由欧洲波罗的海的客琅施塔得港驶往远东。这是一艘木制战舰，舰身包裹着锃亮的铜片，舰长52.8米，宽13.5米，底舱深4米。在当时来说，这已是一艘不小的巡洋舰。

你知道吗

波罗的海

波罗的海，是世界上盐度最低的海。波罗的海得名于芬兰湾沿岸从什切青到的雷维尔的波罗的山脉。波罗的海被西欧各国（如英国、丹麦、德国、荷兰等）称之为东海，而被东欧的爱沙尼亚称为西海。

波罗的海

当时在远东正值欧美资本主义国家用武力迫使落后的日本实行门户开放政策。1854年3月，美国首先与日本签订了所谓《美日和好条约》，打开了日本的大门。俄、英、荷等国也接踵而至。俄国派出的谈判代表是海军中将普佳金。

1854年11月24日，普佳金及其随员乘坐"基阿娜"号巡洋舰来到日本，停泊在下田港，等待日方谈判代表的到来。

谈判正在进行。12月8日晚，海上突然刮起大风，"基阿娜"号投下了第二个锚，并放下了横桁和第二节桅。次日晨，风小了一些，他们决定改变停泊点，把战舰驶向港口东北部，以便修理损坏的索具。

12月11日清晨，水兵们感到舰身在剧烈地震动，可是一时又查不出原因。几分钟后，靠近城市的海水像开锅一样沸腾起来。流向港湾中的河水突然猛涨，海浪也咆哮着扑向海岸，在海岛和海角之间形成了巨大的漩涡。在港口附近停泊的帆船，被一股巨大的力量推着溯河而上。接着水位又突然下降。于是，巡洋舰又投下了一个锚。不久，海水又重新涌来。巡洋舰被推得一会儿向里，一会儿向外，不停地乱转。潮水忽涨忽落，形成了巨大的漩涡。

舰上的人谁也不清楚到底发生了什么事情。在这种疯狂的旋转中，采取任何措施都无济于事。人们都屏住呼吸，等待大祸降临。此刻，铁锚已不起作用。有几艘帆船撞在“基阿娜”号舰舷上，顿时成了碎片。

水兵们眼看着滔天大浪铺天盖地卷向城市。转眼间整个港口水面漂满了被击碎的房屋、木栅栏和帆船的碎片，到处都漂着人和动物的尸体。接着又是几个大浪，整个城市霎时变成了一片废墟，到处冒着烟，散发着硫黄的气味。巡洋舰犹如落进陷阱里的困兽，茫然地旋转着。这时舰长下了命令：“全体人员到甲板上去，拿着武器，关上舱口！”舰已经向左倾斜，搁在浅滩上。此时大海出现了瞬间的寂静，人们听到舰上所有装置都在嘎嘎作响。过了一会儿，潮水又把舰抬了起来。这时，已有1名水兵被摔死，2名摔成了重伤。

当官兵们镇定下来，想到应该检查一下底舱时，才发现海水已从舱底破口涌到舱口。于是，水兵们把所有的水泵都开动起来抽水。半天以后，巡洋舰慢慢地停靠在一块礁石旁，水兵们突然发现离舰舷不远处漂浮着本舰的一块龙骨碎片。原来战舰的龙骨断了，必须马上修理。可是，到哪里去修呢？眼前的城市已变成废墟，他们当时决定把战舰开到离下田港35海里的户田港。为了减轻负载，保证“基阿娜”号能顺利地航行，船上许多武器装备都卸到了岸上。水兵们用帆布做

巨大的海洋漩涡

成堵漏垫堵住船底的漏洞，这样漏水情况减轻了。他们又在岸上做了一个临时的舵，以替代已损坏的舵，然后升帆起航。这时又遇上了顶风，加上大浪，船很难前进。由于船只剧烈地摇晃，漏水情况又严重起来。夜幕降临了，抽水的水泵一个接一个地失灵。在这种情况下，普佳金要求日方帮助把“基阿娜”拖到户田港。

1855 年 1 月 7 日清晨，日本征集了 100 多条帆船，开始拖巡洋舰，3 小时共拖了 5 海里。突然间，俄国水兵看到所有的帆船都丢下了巡洋舰，急忙地向外海驶去。他们很快弄清楚了，原来是又出现了地震。普佳金和士兵们也很快地撤到木筏上。

被遗弃的“基阿娜”号很快就翻掉了。当地震过去，海面平静的时候，人们已经看不到它的踪影。就这样，一艘制作精良、耗资颇巨的三桅巡洋舰被地震引起的强大海啸吞没了。

被台风摧毁的“洞爷丸”

强劲的台风，常常把海上航船卷进死亡的深渊。

1954 年 9 月 18 日，日本函馆气象台于中午 11 点 30 分发出台风警报：“15 号强台风将于黄昏时接

户田港

美丽的晚霞

近北海道南部地区。”然而，下午5点刚过，风突然停息并出现晚霞。此时，停在函馆避风的几艘大型渡轮，看到这个情况，误认为台风已过，天气恢复正常，便纷纷解缆起航。其实，真正的台风中心还没有移到这里，上述天气现象是津轻海峡东口的副热带高压所致。那时真正的台风中心还在北海道西边的奥尻岛附近，而且降低了前进速度，停滞在函馆湾以西，好像在有意等待函馆湾出航的轮船。

傍晚，一艘艘巨轮开出函馆湾。“洞爷丸”于下午6点39分离开函馆，开往青森。它是一艘大型渡轮，排水量4327吨，长118.7米，当时载有旅客1151人，船员163人，汽车12辆和大量邮件。

函馆湾的地形，北面被高山遮拦，南面张口对着津轻海峡。由于西南风长时间吹入津轻海峡，于是波浪逐渐增长，并涌入函馆湾。“洞爷丸”出港不久，台风迎面而来，海面风力再次加强。晚上7点1分，“洞爷丸”只好在港外的锚地抛锚避风。翻腾的白浪不断拍打着巨大的船身，“洞爷丸”摇晃得非常厉害。不久，风力继续增强，风速高达每秒25米，“洞爷丸”和其他抛锚的船只仅靠锚已无济于事了，所以都开动了主机，以主机动力顶着风力保持船位。

“洞爷丸”在风浪中剧烈地颠簸着。晚上7点30分左右，海水不断从船尾的车辆装卸口打上甲板。从8点开始，风更加强烈了，打上甲板的海水逐渐在船舱里积聚起来。根据目击者提供的材料，当时船首车辆库的前部积水深达30厘米，而船尾车辆库的积水深达1.1米。因此，积水又从通风口及太平门灌进机炉舱和燃煤舱。船员们开动水泵，尽力排水还是不行。

不久，灌进燃煤舱的海水又从取煤口喷进锅炉房，使锅炉烧火越来越困难。

“洞爷丸”船尾车辆库的甲板高于海平面，那么为什么有这样多的海水停滞在那里呢？根据事后的实验，弄清了是由于船舶激烈的纵摇所致，船尾把海水掏了上来，在还未完全流出时，后一个浪又涌上来，这样不断反复，大量的海水就停滞在甲板上。当时，函馆湾的波高是9米，周期为9秒，波长约120米。由于波长与船的长度比较接近，所以“洞爷丸”的纵摇特别厉害。

船舶容易搁浅的浅滩

晚上8点40分，阵风风速达到每秒57米。由于机炉舱进水增加，终于使左炉的给水泵停转，造成左舷汽轮机被迫停车。不一会儿，右舷汽轮机也停止了运行。可怜的“洞爷丸”由于失去了顶风的动力，开始拖着锚在怒涛中漂移。

晚上10点26分，船体被狂风吹得渐渐和海岸平行，并处于最危险的横风位置。突然，船底触及了海底，“洞爷丸”震动了一下。在巨浪的连续冲击下，船体产生了40°的严重横倾，不久因船窗玻璃破碎而进水,使横倾角度继续加大。到10点39分，“洞爷丸”发出“SOS”呼救信号。10点45分，船体倾覆，横卧在七重滨的浅滩上，任凭风浪拍打……

由于海上风浪太大，“洞爷丸”在遇难时没有放下救生艇。在这次海难悲剧中，“洞爷丸”死去船员114人，旅客1041人，共计1155人。在倾覆前，有710人穿上救生衣跳

海上的钻井船

海逃生，但其中大多数人在大风浪中溺水而死，仅有159人逃脱了死亡的厄运。

船长自负，“爪哇海”号葬南海

“爪哇海”号是美国于1974年建造的一艘自航式钻井船。该船长120.2米，宽19.8米，最大吃水6.4米，排水量1.1302万吨，双轴螺旋桨，航速10节，有10个各重13.6吨的大锚，设计工作水深305米，钻井能力为7620米，抗风力12级以上。由于它设备先进，工作效率高，能在各种条件下作业，因此，船长自豪地称它为“全天候钻井船”。它曾先后在美国、墨西哥、委内瑞拉等海域钻探作业，共打了70多口井，为海底石油的开发立下了汗马功劳。

1982年9月，我国海洋石油总公司与美国阿特石油公司签订了合作开发我国南海石油和天然气的合同。“爪哇海”号租给了阿特石油公司，并于1983年3月驶抵我国三亚港。

1983年8月，检修一新的“爪哇海”号钻井船进入了我国南海的莺歌海“乐支30–1–1井位”，开始了紧张的钻探作业，我国南海西部石油公司工作船“南海205”号担负现场配合“爪哇海”号作业的任务。

10月22日，即16号强台风形

特殊的钻井船

成后的第二天，“南海205”号带着淡水、燃油和食品等货物靠泊“爪哇海”号补给，并通报了16号台风的位置和趋向，建议收桩返港避风。可高傲自负的“爪哇海”号船长大言不惭地说：“我们美国钻井船是不怕台风的。”在劝告无效后，“南海205”号只好“舍命陪君子”——在“爪哇海”号的侧后方下了锚。

10月23日，“爪哇海”号船长再次接到了台风通报的电文：“中国第16号台风正向你船所在的方位移动，台风中心最大风力12级以上”，但他不仅仍不为之所动，反而下令继续作业。

10月25日凌晨，莺歌海上的风力逐渐增强到9级，显然，台风的前锋已经到达：排排涌浪张牙舞爪地扑向处在台风进路正前方的“爪哇海”号钻井船和“南海205”号工作船，滂沱大雨从天而降，海上一片混浊。中午时分，16号强台风以难以阻挡之势向无遮无挡的两船锚泊区扑来，奔腾咆哮的惊涛骇浪席卷着海上的一切。仅有5000余吨的“南海205”号在剧烈的摇摆下，部分电灯震碎，物品移动，船员几乎全部晕船呕吐。在艰难危险的境况下，船员们仍然关心着“爪哇海”号的安全，船长余德莱不时地用无线电话询问“爪哇海”号的情况。“爪哇海”号船长和中方随船人员也惦记着“南海205”号的安全，几次来电问“南海205”号有什么要求。

25日19时，“爪哇海”号虽抛下了9只重锚(钢缆粗70 ~ 76毫米)，庞大的船体仍摇晃不停，摇摆度达9° ~ 10°。在风力继续增大，船、人面临严重困境的时候，自负的船长还没有准备抗台，也没有下达停工抗台的指令，只是下令驾驶员开车顶浪。21 时 10 分，风速增至 40 米 / 秒，风力 12 级以上，浪高达 13 米，几根碗口粗的锚缆被崩断。这时，“爪哇海”号船长才意识到问题严重，他诒气紧张地向“南海 205”号通告：“我船摇摆度增至 30°，餐厅盆碗摔落。”23 时 15 分，“南海 205”号把刚抄收到的海南气象台发布的台风最新位置通报给“爪哇海”号，不久，“爪哇海”号报告：船体右舷的第六舱与第七舱之间的舷板出现一道大裂缝，海水迅猛地涌进了这两个舱。接着又报告：主机发生故障，探纵失控……

26 日 0 时起，“南海 205”号就再也没有听到来自“爪哇海”号的消息了。原是一片灯光的锚泊区，此时已灯灭影消，由此推断：“爪哇海”号可能是在操纵失控后，船体打横，向右倾斜，最后倾覆沉没。而吨位小得多的“南海 205”号由于采取了机动抗台的措施，反而安然无恙。

事故刚发生，我国有关部门就立即组织舰艇、船只和飞机，冒着 8 ~ 9 级的大风进行搜寻。在短短的几天里，先后出动了 22 艘舰船和 6 架飞机，在 6300 平方千米的海域内进行搜寻，除了捞起一些漂浮物外，没有发现人、船的踪影。最后经过声呐探测，潜水探摸和水下录像，证实“爪哇海”号沉没在 94 米深的海底，沉没点为北纬 17°17′49″，东经 108°56′29″，距原井位西南方 275 米。全船 81 人（中方 35 名，美方 37 名，其他国家 9 名）无一人幸免。

浩瀚的南海

你知道吗

什么是声呐探测仪

声呐探测仪又叫声呐探测器，是一种利用声波在水下的传播特性，通过电声转换和信息处理，完成水下探测和通讯任务的电子设备，有主动式和被动式两种类型，属于声学定位的范畴。它利用水中声波对水下目标进行探测、定位和通信，是水声学中应用最广泛、最重要的一种装置。

“爪哇海”号的沉没，是一起国际上罕见的海难事故，引起了世界航运界很大的震动，各国电台和报纸纷纷对此事作了报道。在推测事故原因时，人们还就美国环球海运公司和阿特石油公司的能力表示怀疑。为了弄清事故真相，美国专门租借了一艘外籍勘察船——“史密斯·马克拉”号赶赴出事海区，国家运输安全委员会组成了一个调查组，云集了各方面的专家和权威，花了近一年时间，终于查清了事故原因，并写出了一份长达77页的事故报告。

调查后，运输安全委员会认为：发生这一悲惨事件的原因，主要是船长思想上盲目自信，不按客观规律办事，一意孤行，指挥不当。

1500名乘客的灭顶之灾

1993年2月18日，一艘超载渡轮在海地外海遇暴风雨而沉没，渡轮上大约有2000名乘客，其中大部分人都遭灭顶之灾。

海地红十字会会长乔纳·查尔斯接受电话访问报道说，50米长的渡轮“海王星”号16日沉没，至

海地景点

18日晚间，只寻获285名生还者。

“海王星”号是定期行驶于杰瑞米和太子港之间的渡轮，两地间航程为12小时。该船16日晚间从海地西部的杰瑞米出发，乘客人数众多，并载有大量货物和许多待售的牲畜。

“海王星”号曾停泊在太子港码头，船上并无任何救生小艇，海难生还者8日告诉当地记者说，“海王星”号上没有救生衣、急救准备，甚至无线电通信设备也付之阙如。生还者说，沉船时，船上水手也束手无策。船长班杰明·圣克莱尔游泳到岸边获救，他说，船上乘客惊慌失措，导致海难扩大。

有生还者说，“海王星”号16日晚在狂风暴雨中颠簸摇摆，乘客惊慌叫喊，很多人冲到船的一侧，挤在一起，其他人慌忙爬上最高一层的甲板。众多乘客挤在最高层的甲板，甲板不支坍塌，造成船只倾斜翻覆，把人、牛、木炭等全部倾倒进大海中。许多乘客是紧抱住死牛尸体或是胶水罐，而得以生还。一名33岁的乘客说他被海浪卷走后，拼命抓住一袋木炭，紧抱胸前，在汪洋中沉浮，终于在17日中午被一艘小渔船救起。一个气竭力衰的女人指着脚边的一只白色塑胶小水罐说：“这只罐子救了我。我拼了命往前游。”

“海王星”号出事地点的附近海面上，布满了尸体和船上货物。

美国海岸防卫队的驻海地的赖瑞·米佐少校说，有三层甲板的“海王星”号在航向太子港的半途，遇上暴风雨，沉没在米拉尼市附近的海底。太子港和米拉尼之间毫无电讯通话设备，使海难噩耗直到8日上午才传至太子港。

“这是近来最严重的海难之一。”米佐说。“海王星”号死亡人数之众，可与历史上其他大型海难事件相比拟。据美联社统计，1987年12月20日，菲律宾一艘渡轮与一艘油轮相撞，1749人遇难。1954年9月26日，日本渡轮“岛谷丸”在津轻海峡沉没，1172人丧生。

根据米佐和救难人员计算，已有200多具尸体被打捞上岸。海地红十字会一名官员估计，死亡人数可能到达1500人或更多。

海岸防卫队一名发言人在迈阿密说，海上尸体遍布，海防队驰援的快艇捞不胜捞，已放弃计算尸体人数。

米佐少校说，两艘海岸防卫队快艇和美国飞机在海难现场搜救，海地的海军并无操作能力，仅能派出两艘小型机动船支援搜索。

贫困的岛国海地缺乏良好道路

快艇

和交通工具，数千海地人民只得倚靠渡轮行动。但是海地大部分的渡轮载重量小，又年久失修，频频传出引擎故障的意外事件。

据当地声称，“海王星”号的最高载客人数只有650人，但是16日晚间的乘客人数绝对超过650人。“船员没有乘客名单，我们可能根本查不出有多少人上船。他们能塞多少，我们就载多少。”米佐说。

显然，这次世界航运史上巨大的灾难是由于严重超载引发的。

狂风突起，石油平台倾翻海中

地处英国、挪威之间的北海油田，高耸着无数的钻井平台，它们如楼房、工厂，林立栉比，绵绵延至千里。在油田南部的埃克菲斯克作业区，有一座引人注目的人工岛——“亚历山大·基兰”号平台，这座长宽各为99米、高达100米、总排水量1.5万吨的半潜式平台，由5根巨大的立柱支撑着，平台上共有4层建筑，100多个房间可容500人住宿，还设有游乐场、电影院、餐厅和蒸汽浴室；顶部甲板上的直升机平台，其面积竟比足球场还大，平台一侧有一座重达200吨的钻塔直刺蓝天，整座平台装备先进，气势巍峨。“亚历山大·基兰”号平台于1976年由法国建成后交挪威使用，造价高达2亿法郎，素有“海上旅馆”之美称。平台有职工212人，作业海域水深77米，日产原油53.6万桶。

挪威的峡湾

1979年3月27日傍晚，突起的10级狂风掀起的滔天巨浪扑向北海油田，扑向“亚历山大·基兰”号平台。平台上的职工对这种险恶的气候早已习以为常了——当班的职工在密闭的操纵室里操纵着新式机械下钻、输油和储气，不当班的职工或洗澡，或就餐，或看电影，生活的节奏像往常一样有条不紊地进行着。

然而，天有不测风云，当时的气候似乎特别恶劣，奔腾咆哮的巨浪一个接着一个。18时28分，又一排巨浪扑来，平台的灾难降临了：它先是一阵痛苦的颤抖，紧接着发出了两声沉闷的轰响。刹那间，电灯熄灭，钻机停钻，刺耳的警报声急促地响起，人们呼喊奔走着，平台上一片混乱。突然，“咔嚓”一声，平台北侧的一根立柱发生断裂，立柱的上半截随声插入海中，自此，平台的庞大身躯开始向北倾塌，5分钟后，倾斜角达20°，而后是30°。随着平台的不断倾斜，它上面的机件仪器和桌椅箱柜相继开始滑动，厨房里的盆碗及娱乐室里的器械乒乒乓乓地向外翻滚，餐桌和一些笨重器械以不可阻挡之势撞开板壁、冲破护栏后，掉落深海。当平台倾斜到45°时，惊恐的人们已无法在甲板上站立，这突如其来的灾难使他们来不及穿上救生衣，更来不及吊放救生艇，走投无路的人们只好不顾一切地跳进那冰冷的海水中以求得一线生的希望。

半潜式钻井平台

19时12分，“亚历山大·基兰”号又发生一阵猛烈颤抖，紧接着“哗啦”一阵声响，整个平台上的建筑就倒扣在汹涌的海浪之中了，而残剩的4根立柱则孤零零地显露在波涛之上。

狂风还在怒吼，海浪还在咆哮……

在平台翻倾的紧要关头里，没有及时冲出房门的职工随同平台一起葬身于海底，而那些舍命跳海或被平台上物体推滑下海的人大多数被旋涡卷走，侥幸冒出水面者则拼命在风浪中挣扎着向附近其他的采油平台游去……

位于“亚历山大·基兰”号西侧的“赫姆斯”号平台上的职工听到了“基兰”号倒塌时的轰响声，而后又通过夜视镜看到了残存的支柱和支柱附近的残缺漂浮物，他们迅速发出了“SOS”国际求救信号，并持续不断地向有关当局报告眼前的悲惨情景。

不幸的消息随着无线电波迅速传遍英国、挪威，传到全世界。当日19时，英国皇家空军某基地塔台发出“紧急起飞”的命令，5分钟后，一架直升机腾空而起；几乎同时，在挪威的索拉空军基地，两架直升机也应命冲向夜空。正在埃科菲斯克作业区附近航行的船只，也纷纷赶往出事海区，不到6小时，先后有81艘各类型船只到达“亚历山大·基兰”号平台遇难海区。它们开着探照灯，以“S”形前进，规避着在海面上漂浮着的井架残骸，全力营救遇难落水的平台职工。

设在索拉的挪威营救协调中心直接指挥海上和空中的救助行动，用高频电话不时通报情况和下达指令，有关医院也迅速做好了抢救、接待海难伤员的准备工作。

此时的埃科菲斯克作业区，飞机轰鸣，船只往返，照明弹和探照灯把漆黑的夜海照得如同白昼。救助者不顾风大浪急和天寒水冷，细心地、不厌其烦地在海面上往返搜寻，直到3月29日黄昏，确认海上再也没有遇难者后，搜寻工作才告结束。通过两天的全力搜寻，共救出89人，尚有123人死亡或失踪，这些死难者大多数是挪威人。事后，索拉市等地方当局为这批以身殉职者举行了隆重的葬礼，电台也播放了哀乐。

当幸存者还未全部上岸时，挪威政府就成立了一个事故调查委员会，开始对事故原因进行调查，不久，又把倒塌的平台拖回挪威海滩进行检查。经多方分析鉴定：立柱之所以发生断裂，是因为不久前在它上面打了一个直径为29厘米的洞（这

落日下的挪威海滩

个洞是用来安装一个电子设备的)，金属疲劳及大风浪影响也是重要原因。

“亚历山大·基兰”号平台的失事，促使世界各地对各种海上平台进行检查加固，以防止在今后再发生类似的事故。

“翡翠海”轮突然下沉

1998 年 2 月 7 日黄昏，中国南海海域阴风朔朔，雾雨飘飘，一艘中国货船驶进了海面的中央区域。船壁上赫然几个大字“翡翠海”轮仍然清晰可见。它在印度某港装上了 2.7499 万吨进口矿粉，此刻正欲绕南海驶往中国南京港，再有 7 天，货船就可到达长江口了。晚饭后，老轨、二轨、三轨、机工长、大厨等船员打了会儿扑克，打完后正在看录像时，当班的四轨神情有些紧张地从机舱上来小声跟二轨说了几句话就离开了，二轨立即下机舱检查，回来后约 21 时 40 分，他告诉老轨说：主机机油循环油柜油位下落得较快。老轨与二轨、三轨、机工长一起下机舱检查，确认主机机油油位下降约 30 厘米，并未发现漏油现象。二轨说油舱的量油孔也在机舱里，三轨于是拿量油尺去测量，发现油位下降约 30.5 厘米，就立即跑到集控室将此情况报告老轨。老轨当即打电话到驾驶台交代了几句话后，又叫三轨再开另一部发电机(平时只开一部)，并嘱咐说：“等会儿排水。”此时机舱里的大厨去甲板上倒水，回来说：“船头好像有一点往下沉。”

你知道吗

什么是四轨

所谓四轨就是船上三管轮的俗称，四轨是从支持级到操作级跨出的第一步。工作的责任变了，工作的性质也跟着改变。有了具体的主管设备，一切要对轮机长负责，需要认真仔细地做好工作，保证船舶的正常运行。

一望无际的南海

水手常在晚饭后看会儿录像，但相比之下，他更愿意用书打发寂寞，他就先回到自己的房间了，一边做颈椎牵引，一边看一本小说。刚看一会儿，木匠来对他说，船长让派一个人与木匠一起去前面量水。他便马上穿上雨衣与木匠走到甲板上一舱与二舱的交界处，但因涌浪上来，无法量水，同时他俩发现甲板上的水逐步往后移，立即上驾驶台报告船长，当时船长、二副、三副、报务员及值班水手等都在驾驶台。

由于出现了异常情况，从22时14分起“翡翠海”轮曾三次申请与青远公司总部通话，一直未通，直到22时20分第四次申请通话成功，船长郭林向公司调度室值班调度姚立宪报告：“气象骤变，狂风大浪，船位09·30N，110·30E，发现一舱进水，船首下沉……”刚说到此，电话就中断了，随后改用在甚高频电话16频道上发出求救信号。与此同时，由营口鲅鱼圈驶往雅加达的“青云”轮在08·54N，110·36E处从同一频道上收到了遇险呼叫：我轮正在……09·30N，110·30E处……下沉。由于噪音干扰，“青云”轮没能听到船名。船长马玉愧凭呼叫者的发音判断，遇险船可能是中国船，即在同一频道上直接用中文喊：“刚才遇险呼叫的是不是中国船，我是中国船‘青云’。听到“我是青远‘××海’请你们再回应，再回应……”然而再也没有传来任何声音，信息中断了。此时，马船长命令三副通知政委、电报员等有关人员上驾驶台，决定立即往出事地点实施救助。据“青云”轮记载，当时东北风6～7级，大浪浪高3～4米，涌向从东北向西南，并伴有大暴雨。

22时25分，两船终于再次取得联系。由于听不清船名，“青云”轮问：“你船呼号是什么？”“翡翠海”轮回答：“我船轮呼号B—O—C。”根据呼号，“青云”轮查表确认遇险船是青远的“翡翠海”轮。

22时30分，“青云”轮掉头完毕，改驶航向。“青云”轮再次了解“翡翠海”轮情况，得知“船正在下沉”，船位为“09·30N，110·30E”。随后“青云”轮告诉“翡翠海”轮：“我是‘青云’，距你船大约30海里，正在驶向你船。”

22时35分，“青云”轮与“翡翠海”轮再度失去了联系。

此时，“翡翠海”轮弃船警报拉响。驾助通知水手长放救生艇。

听到警报，机工长、三轨回房间穿救生衣；大厨从伙房回房间穿救生衣；水手长在一层走廊上告诉水手们“一定穿好救生衣，这一次是真格的”。

南海上的作业船

随即，水手长与二轨、三轨、大副、两名水手等八九个人到达左舷救生艇边放艇。此时艏楼已在水中，能看到后面几个舱盖。放艇过程中，三轨、机工长、大厨等听到一声巨响；水手长看到一个舱盖鼓起来，未能确定是哪一舱的舱盖。水手长敲开前稳艇索钩，另一头未来得及打开，一个大水柱将船员打入水中，待水手长、三轨、机工长和大厨从水中浮起时，已不见大船。

22 时 39 分 06 秒，青远公司与“翡翠海”轮接通电话，船上讲“正准备弃船”；22 时 39 分 49 秒通话就中断了。

事故发生后，交通部及时向国务院做了报告。黄镇东部长和刘松金副部长对这起事故非常重视，亲自组织和指挥海上搜救，部署事故调查处理工作。中远集团及青岛远洋运输公司在事故发生后，立即成立了 34 个善后工作小组，3 人一组，深入每一家庭开展积极细致的工作，并做好事故的善后处理。

经与劳动部协商，由交通部牵头，劳动部、监察部和中国海员工会派员参加，很快组成了“翡翠海”轮事故调查组。由于“翡翠海”轮事故只有 4 名船员生还，且都不是驾驶人员和当班船员，事故原因的调查和分析十分困难。调查组克服困难，本着客观、严肃、认真、科学和实事求是的原则，对事故进行了全面的调查，取得了与事故有关的客观证据，经过认真分析，形成了《关于“翡翠海”轮沉没事故的调查报告》。

调查组得出的结论是这样的：“翡翠海”在航行期间受到涌浪的影响，同时船舶老化和可能存在的隐蔽缺陷，致使船壳破损，导致大量海水涌入船舱，致使船舶迅速失去浮力，船首向下急剧沉没。

风暴夜的“狂饮之舟”号惨案

1994 年 9 月 27 日，排水量达 1.5566 万吨的“狂饮之舟”号渡轮从爱沙尼亚的塔林市启程开往瑞典首都斯德哥尔摩时，旅客们全都兴高采烈，准备好好地享受一番海上

爱沙尼亚

美景。船上乘载有好几个度假旅游团，其中包括64人的斯德哥尔摩便衣警察团和来自瑞典南部的5位退休老人。虽然全船只有1049名乘客，仅是满载量的一半，但甲板上的酒吧、餐厅里却座无虚席。

然而，渡轮开出没有多久，海上就开始狂风大作，浪高达6米，尽管这不是一年来最大的风暴，但旅客们还是预感到，这次旅程不会如想象的那么轻松。晚上8时30分，也许人们消受不起风浪的颠簸，酒吧里的乐队早早便收了场。午夜刚过，一场可怕的灾难从天而降。主机房里，25岁的值班机械师西拉斯特突然从监视屏上看到几个前舱门正在进水，他以为这只是打在船上的暴雨和海浪，便打开水泵向外排水。可是，几分钟之后，海水便一下子涌进了底舱的停车库里，没过了他的膝盖，水泵已经无济于事了。这时，船体已开始向左舷急剧倾斜。西拉斯特一看大事不妙，便纵身跃入了海中。不一会儿，随着一声巨响，“狂饮之舟”号的烟囱倒在了水面上。然后，船底朝天，沉入了80米深的海水中。据估计，从发现险情到沉船，整个过程不到15分钟。人们接到唯一一个报警信号的时间是12时24分。在骤然倾倒的客舱部，乘客们纷纷涌出舱房，挤在走廊和楼梯上。在走廊的地板上，躺满了昏迷和受伤的人们，急于逃命的人们只能狠心地从他们的身上踏过去。一些老年人已经绝望了，无助地坐在那里哭泣，许多孩子抓着舷梯栏杆，拼命地哭喊着，希望大人们来救他们。可是，人们已经顾不上他们了。

当渡轮沉入海底之后，海面上除了能听见风暴的咆哮声，就是妇女们歇斯底里的尖叫声；能看见的只是几十点随着波浪起伏的微光，它们是固定在救生筏和救生衣上的应急灯。大部分从沉船中逃出来的人，即便穿着救生衣，也都因浸泡在12℃的海水中，先后在1小时内受冻而死。即便上了救生筏，也并

海上救生衣

瑞典风光

非人人都能生还。

芬兰的“马瑞亚拉”号是在接到呼救信号1小时后最早赶到遇难现场的船只。在此之后，又有其他船只和6个国家派出的直升机先后赶到。在他们所救起的人员中，有一些很快便咽了气。幸存下来的只有140人，而遇难者总数则高达900人，其中大部分为爱沙尼亚人和瑞典人。

自从1912年著名的“泰坦尼克”号巨轮冰海沉船，造成1500人惨死之后，世界上再也没有一个造船家敢保证有哪艘船是不会沉没的。然而，各种事实表明，“狂饮之舟”号是绝对安全的。这艘14岁的德制渡轮设计合理，保养有方，船员都是些航海老手，而且船上备有足够的救生筏和救生衣。还有很重要的一点，起航之前它刚刚做了一次全面的检查。

灾难发生后，瑞典、爱沙尼亚和芬兰的专家们迅速组成了一个联合调查小组。采用声呐探测仪所做的初步调查表明，灾难的起因基本断定为前舱门进水。其实，早在行前检测中，他们就注意到前舱门上的橡皮密封圈已经破损。据估计，“狂饮之舟”号外层前舱门不是松开，便是完全脱落，而内层单薄的前舱门是抵挡不住汹涌的海浪拍击的。于是，海水马上冲进底层的停车库里。一般情况下，只要进水1000吨，就会引起翻船；而“狂饮之舟”号底舱里的积水高达35厘米，早已超过了上述极限。

立陶宛风光

“威望”号油轮风中飘黑带

26岁，对于一个人来说正当年，而对于一艘万吨油轮，特别是单壳油轮来说，则属于迟暮之年。八九十岁的老人，别说摔一跤，就是不小心划道口子，都可能发生生命危险。

“威望”号油轮的沉没，正是如此。

2002年11月13日，“威望”号油轮满载7.7万吨重质燃料油，从欧洲北部立陶宛起航，前往新加坡，航行到西班牙西北部的加利西亚附近海域时，突然遭遇8级风暴。风浪中，一只集装箱被颠了下来，砸到油轮中部的左舷上，左舷被砸裂了一个35米长的大口子。船舱里的一部分燃料油随即哗啦哗啦地流了出来。船体失去平衡，倾斜25°，在海滩上搁浅。重质燃料油不停地流泻，毫无顾忌地随波逐流，很快就在海面上形成了一道宽5千米、长37千米的“黑色飘带”……

国际组织将这一石油泄漏事故，列进了“有史以来十大损失最惨重事故清单”，排名第三，仅次于切尔诺贝利核泄漏、哥伦比亚号航天飞机失事。

加利西亚是西班牙17个自治区之一，位于伊比利亚半岛东北部，南部与葡萄牙接壤，东濒大西洋，北濒坎塔布连海。海岸线长达1498千米，是西班牙重要的海洋渔业、养殖业、旅游业等基地。

“威望”号发出呼救信号后，西班牙立即派出救援船只和直升机，将27名船员全部搭救到海岸上安全地带，并拘留了船长马格加夫拉基。

为了防止无人驾驶的“威望”号油轮沉没在西班牙近海，引起更加严重的环境污染，第二天，西班牙政府出动了4艘拖船，将“威望”

号拖到了距离菲尼斯特雷角137海里的公海里，希望将“威望”号“拒之门外”。

19日，西班牙政府正准备用战斗机，将“威望”号炸沉以免继续漏油污染本国之时，“威望”号却因为几天的风浪冲击，于当天11时拦腰断裂，并于下午4时，全部沉入3500米的深海里，引发了更大规模的泄漏。

“威望”号的身世错综复杂，很难说清楚它是哪个国家的。

它悬挂的“方便旗”是巴哈马国旗，东家却是利比里亚的环球航运公司，管理者是希腊机构，船长马格加夫拉基也是希腊人，办公地点在雅典，而它的承租者是奥冠财源公司，办公室设在瑞士的祖格，可是，这家公司隶属于俄罗斯阿尔法集团，阿尔法集团主要经营的是工业生产和银行业，对于航运管理是个外行。

西班牙海域

“威望”号泄漏事故发生后，许多专家对其沉没原因做了深入分析。归纳起来，主要有两个方面：

一是“威望”号油轮已经航行26年，陈旧不堪。自从1999年检验过后，就再也没有检验过。而且，“威望”号是一艘单壳油轮，船体外蒙钢板仅有12厘米左右，经过多年的腐蚀，厚度只剩下10厘米。稍微夸张地说，对于这么一个海上庞然大物，好像用手指使劲一捅，就可以把船体外蒙钢板捅个窟窿。按照常规，这样的单壳油轮的使用寿命一般不超过15年。“威望”号泄漏，只是个时间问题。

据总部设在伦敦的国际海事组织提供的书面报告，目前，全世界超过万吨位的油轮3000多艘。“威望”号是10年内沉没的第4艘由日本制造的单壳油轮。20世纪70年代，日本为了迅速占领世界油轮市场，用尽可能快的速度、最低廉的价格赶造船只，全球1000多艘单壳油轮中，有300多艘产自日本，其中3艘分别于1992年、1993年、1999年沉没。

对于一艘数万吨的油轮，十几厘米的外蒙钢板，一如巨轮蒙上牛

单壳油轮

皮纸那样，危险性显而易见。为什么船东要买这种事故频出的单壳油轮呢？中国船舶工业协会会长王荣生认为，主要是受到经济利益驱动。“双壳船的造价一次投入比单壳船肯定要贵，为什么呢？它多用了材料和相应的设备。第二个，油船造出来以后，装载量相应来看，吨公里的效益可能在不变价格的情况下，效益要低一点，投入比较大。因此，船东对这个问题有所考虑。但由于油轮‘身体状况’的原因，单壳油轮的失事率比双壳油轮高出5倍。”

二是“方便旗”制度隐患多。中国海事局船舶监督管理处处长智光路介绍说，从船舶登记来讲的话，可以分成两种类型：一种是严格登记制国家，另一种是开放登记制国家。从船舶登记来讲，如果是严格登记制国家，对于船舶的登记有严格的要求：一个是本国的公司在船公司投资资本所占的比例问题；一个是对船员的要求，比如是不是一定要求本国的船员。中国就是一个严格登记的国家，对于投资比例按照严格的规定，如果是外方投资这个公司，比例不能高过50%，中方一定要控制股份。从船员的要求讲，在中国登记的船舶一定是中国的船员，从普通船员到高级船员，都是中国人担任的。从“方便旗”来讲，就没有这么多的要求，投资比例没有限制，船员的要求也没有限制，所以是一种很方便的登记制度，有很多公司为了躲避一些管理高标准的要求，就到那些注册手续简便的国家登记,在航行中,悬挂该国国旗。

你知道吗

什么是“方便旗”

“方便旗”指在船舶登记宽松的国家进行登记，取得该国国籍，并悬挂该国国旗的船舶。

船舶悬挂的旗帜表明该船舶的国籍，在公海上的船舶受船旗国的专属管辖和保护，无国籍的船舶在公海上被认为是海盗船，不受任何国家的保护。

据法新社消息，2002 年 7 月，已有 905 艘外国油轮注册为巴拿马籍，而在两年前，注册登记巴拿马船籍的只有 658 艘。其他几个油轮大户，分别是利比里亚、马耳他、巴哈马、塞浦路斯等。

由于提供“方便旗”的国家并不对挂旗船只实行任何管理，船只的维修状况得不到有效监管，许多挂“方便旗”的船只因为年久失修、管理不善,航运安全无法得到保证。单壳油轮大多悬挂巴拿马、巴哈马、利比里亚等国的“方便旗”，目的是能够比较宽松地通过“安检”，沉没的“威望”号就是其中之一。在业内, 这样的船只也被戏称为“流动炸弹”。

巴拿马风光

第四章
火灾与爆炸——烈焰中的海难

是爆炸引起了火灾，还是火灾引起了爆炸？无论如何，当这个悲惨的一瞬发生后，生还的大门几乎被死死地关上，在茫茫大海上，沉没似乎成了上帝赐给的唯一“解脱”，更恐怖的是海边一座无辜的城市都可能遭遇灭顶之灾。

“格兰开普”号炸毁西基城

1949年4月，万吨巨轮“格兰开普”号停靠在美国德克萨斯州的西基港以后，几天来连续装上了2300吨硝酸铵。其中1400吨装在二号货舱，900吨装在四号货舱。另外，船上还装有整箱的机器零件、花生和其他农产品。由于船舶主机在修，船还无法开动。

16日上午8时，船上的一位木工在四号舱口闻到一股烟火味，发现是装化肥的口袋着火了。这个无知的船员喊来几个人，浇了几桶水试图把火扑灭，没想到这样反而使火苗更大了。他们又拿来灭火器灭火，仍旧无效果，火势越来越大。这时船长赶到了，他大声喊道：“别用水浇！那样会把货物毁掉的，大家上来，打开蒸汽。”这是轮船上的标准灭火方法，已经使用数十年了。但这批化肥的主要成分是硝酸铵，而硝铵又是炸药的主要成分，它的临界分解点是350°F。大量蒸汽进入货舱，很快就使温度上升到350°F以上，大爆炸已经是不可避免了。

船上先是引起一场大火，黑烟翻腾着弥漫在“格兰开普”号上空。码头上数百名公务人员、装卸工人和过往行人并不知道爆炸的危险，若无其事地在一旁围观。一些摄影师还尽力挤到前面去拍照。

船长看到火势已无法控制，再加上船上满满的危险品，只好立即率领船员从船上撤到岸上。西基城的消防队员也赶来救火，然而直到上午9时，消防工作取得的进展仍微乎其微。

午后，北美大陆响起一阵惊天动地的爆炸，“格兰开普”号瞬间化为乌有。船长连同32名船员被炸得血肉横飞，码头上围观的227人无一幸免。

爆炸的巨大威力是今天人们无法想象的，它的爆炸声传到了250千米以外，德克萨斯所有的商户玻璃都被炸碎。“格兰开普”号的残片被炸上高空近4千米。船上重达1吨的推进器被炸飞到3千米以外，插入地下1.6米深。

爆炸的强烈气浪，把正在西基城上空飞行的两架跳伞教练机击得

烈焰冲天的轮船爆炸

粉碎，机上4人落地丧命；使数以千计的海鸥在这一场突然袭击中坠落大海；靠近“格兰开普”号的4辆消防车被气浪掀过码头。

码头附近的海水在爆炸的瞬时一下子沸腾蒸发，显露出崎岖不平的海底；几分钟之后，海水又以排山倒海之势涌进海湾，一艘50米长的驳船被巨浪涌上岸，最后跌落在离码头70米远的停车场；在另一处，巨浪冲毁了汽车服务队的600辆汽车。

“格兰开普”号大爆炸，给西基港带来了巨大的灾难。但这仅仅是西基城发生一连串爆炸的前奏。

16日9时12分，“格兰开普”号爆炸时，许多灼热的金属碎片，和燃烧物飞向天空，所落之处立即升腾起一股股烟火，1小时以后便变成了全市大火灾。6个炼油厂和化工厂的贮油库先后起火爆炸，大量的石油喷涌出来，一接触到燃烧物便化作团团烈焰，贪婪无情地吞没厂房、仓库、街道……

西基城火灾的消息，旋风般地传到附近的城市。大量的消防车、救护车和消防人员，首先从离西基城11千米远的加尔沃斯顿赶来，接着又从80千米外的休斯敦赶来，投入了西基城的救火和人员救护。但是，他们的帮助也无济于事，烈焰继续在蔓延，灾情仍然在扩大。在浓烟滚滚的街道上，警车和救护车在尸体和燃烧物之间继续移动，扩音器里不断传出叫喊声，指示失魂落魄的西基城市民朝安全地带撤退。

在“格兰开普”号爆炸前，停靠在附近的还有两艘美国货船。一艘是6千多吨的“汉弗莱”号，另一艘是7千多吨的“威尔逊·基尼”号。两船均装有硝酸铵，还有2000吨硫黄等。当“格兰开普”号爆炸时，巨大的气浪掀走了两船的货舱盖，灼热的金属片和燃烧物落进舱里，又给这两艘船播下了火种。晚上，

红色的消防车

两艘船上的火情已经严重。虽然船员们奋力抢救，但终究不能控制火势，船上正在燃烧的硫黄放出的有毒的二氧化硫气体，呛得人们难以忍受。船员们不得不弃船，逃到港湾的对岸。

17日凌晨1时10分，“汉弗莱”号又发生了惊天动地的爆炸，刹那间化为一堆碎片。与此同时，近旁的“威尔逊·基尼”号也彻底被毁。

第二次大爆炸，进一步加剧了城市的破坏：许多建筑物即刻倒塌，熊熊烈火又在全城焚烧，城市上空和附近海面一片通红。这场大火一直烧了三昼夜，直到第四天黎明，灾难之火才再一次被扑灭。浓烟消散，火灾的余烬熄灭，西基城1/3的街道成了一片废墟，全城3/4的化工业被毁，港口码头则已全部消失。

两次大爆炸之后，公布的统计数字为：有552人死亡，200多人失踪，3000多人受伤，1.5万多人无家可归。“格兰开普”号爆炸，成为国际航运史上的一次重大事故，给航运业留下了惨痛的教训。

“依阿华”号舰爆炸疑点重重

在战时因被敌方火力击中，引发的灾难是悲惨的，而在和平时期因训练演习而出现的灾难也是异常残酷的。

背负式救援车

激烈的军事演习

1989年4月13日，美国5.8万吨的战列舰“依阿华”号和航空母舰“珊瑚岛”号及另外28艘军舰来到波多黎各东北约330海里的大西洋海域，同委内瑞拉、巴西等国的军舰一起参加“舰队3-89”海上军事演习。

4月19日，“依阿华”号演习火炮射击。舰上三座主炮塔共9门巨炮，将要逐次向23海里以外的活动目标进行射击。每门主炮口径为406毫米，是世界上最大口径的舰炮。一号主炮塔的3门巨炮首先开火，舰长站在舰桥上观察炮弹的飞行轨迹。

一号主炮塔射击后，准备向二号主炮塔下达开火命令。当二号炮塔左炮和右炮都准备好之后，却不见中心炮的报告，军官马拉希立刻拿起话筒询问情况，士兵营伦斯大喊大叫地回答：“我这里有问题，我还没有完全准备好……”话音刚落，就听见“轰”的一声，1枚巨型炮弹在中心炮筒内爆炸了。70多名水兵被困在四面都是铁壁的炮塔内，炮塔内到处都是大火和浓烟，毫无退逃之路。

你知道吗

什么是炮塔

炮塔，是一固定于船舰或地面建筑上的弹丸射击武器装置，用以保护船舰人员或地区。炮塔也指军用飞机上装有一至数门机枪或机炮并可上下左右转动，且明显突出于机身外表的专用透明舱位。一般呈半球形，可人力操作，也可借助于动力装置驱动，也可遥控。每架飞机可配备一至数个，用于自卫或攻击，大多见于第二次世界大战时期的中、大型轰炸机。现在一般的炮塔多指坦克或者舰船上的武器。

舰长立即下令灭火，如果大火把炮塔内数千包发射药和900枚巨型炮弹引爆，其后果不堪设想。

水兵们按照命令组织起来，一面加紧灭火，一面抢救伤员。他们利用舰上一切可用的灭火设备同熊熊的大火展开了搏斗。2个小时后，二号主炮塔的大火终于被扑灭。这次爆炸使47人丧生，1000余人被

壮观的军事演习

炸伤或烧伤。

事故发生后，“依阿华”号战列舰的神秘爆炸引起了各方面的重视。“依阿华”号三座主炮共9管，其炮塔高度约7层楼高，炮塔成圆柱形，塔壁厚约43厘米。第二次世界大战时，三号炮塔曾受到日本战舰约13厘米口径炮弹的攻击，但塔内仍然平安无事。此次爆炸的原因又是什么呢？

海军当局立即任命海军少将米利根为调查小组组长，于第二天登上战舰调查。在调查时，遇到的第一个困难就是，目击者已全部死亡。其次，有重要调查价值的残渣余灰也一并冲入海底，现场被破坏得相当严重。人们只有用分析来猜测它爆炸的原因。

五角大楼的一些官员认为，可能是炮弹发射后炮膛里的残留物引起的爆炸、炮弹引信提前引爆等，但最后都被否定。

不久，调查组的两名成员来到死者之一的哈特维希家中，在他的卧室中检查遗物时发现了重要线索。他自己制作了一个剪贴簿，上面全是世界各国海军的事故，且他的记录上有一长串他的水兵同事的名单。随即，调查组以他为中心展开了调查。

水兵史密斯提供了一个令人震惊的消息，哈特维希做成了一个电子起爆的炸药管。果然，调查人员在哈特维希的衣柜里找到了一个定时器。

随即，一些专家做了一个模拟爆炸试验，爆炸残渣与舰上的一样。

最终，调查团确认，爆炸系哈特维希所为，并于9月7日公布了报告：全文66页，物证284件，各类证明230件。此次调查历时4个多月，进行试验2万次，采访38次，共耗400万美元。

可是，不久就有人对这一推测提出质疑。

哈佛大学精神病学助教、自杀研究所主任雅各布斯指出：哈特维希案中没有任何自杀与精神分裂症的迹象。心理学家埃伯特也认为，证明哈特维希爆炸证据不足。他的理由是，在出事前几天，哈特维希还给他的女友写信，信中充满对生活的赞美。

你知道吗

什么是精神分裂症

精神分裂症是一种常见的精神病，据世界卫生组织估计，全球精神分裂症的终身患病率大概为3.8‰～8.4‰。精神分裂症病因复杂，尚未完全阐明。多起病于青壮年，表现为感知、思维、情感、意志行为等多方面障碍，精神活动与周围环境和内心体验不协调，脱离现实。一般无意识障碍和明显的智能障碍，可有注意、工作记忆、抽象思维和信息整合等方面认知功能损害。病程多迁延，反复发作，部分患者发生精神活动衰退和不同程度社会功能缺损。

一些幸存的水兵也对此事迷惑不解，他们根本不相信哈特维希会在四双眼睛的监视下放进引爆物，他们认为是推弹杆失灵所致，并说：将事故推到一个死去的士兵身上，这是为了掩盖军舰本身的失误，用来挽救海军声誉。赞同这一观点的还包括一些国会议员、权威人士和各类专家。

过了一段时间后，五角大楼又公布了最新调查结果，否定了一名炮手自杀的说法。新的解释是，当时“依阿华”号舰应海军水面作战中心海上系统司令部的要求，要进行新发射药的射击试验，因为美国战列舰上的406毫米大炮弹当时还是老型号，已不适应现代化战争的需要。为了提高火炮的射程和射击精度，已对炮弹的引信、发射药等进行了改进。调查报告中还说，在进行新发射药的试验之前，舰上有许多官兵曾表示担忧，认为战列舰上人员密集，不适宜进行这种试验，有关当局不听这一劝告。调查表明，二号炮塔内存放有5袋高能发射药，有人证实爆炸前406毫米大炮的炮膛内装填了这种发射药。调查结论

美国五角大楼

为：军舰自身的武器发射系统存在着严重问题，而非人为所致。

“长尾鲨”号核潜艇爆炸原因难解

1963年4月9日7时15分，一艘新型的潜艇从美国新罕布什尔州的朴次茅斯港起航，昂首破浪经皮斯卡达套河河口驶向公海。它就是美国耗资4500万美元建造的“长尾鲨”号核潜艇。

此次试航的目的是检查大修质量，测定新设备效应。参加此次试航的共有129人，其中12名军官、96名水兵、1名机关参谋、3名船厂军代表、3名承包商代表、14名技师和专家。

这次试航的主要项目是深潜至300米以下水层检验装备效应。按

公海中嬉戏的海豚

照美国海军条例规定，任何潜艇在试航期间必须有一艘航速接近、自卫力强、水下探测、通信设备好的水面舰艇护航。被选派伴随“长尾鲨”号试航的是一艘潜艇援救舰“云雀”号。“云雀”号上配有一座能在260米深度营救潜艇的潜水钟，能在水深200米的海域援救失事潜艇。此次“云雀”号的任务是担负“长尾鲨”号的水面防卫、水下救助和试航期间的通信联络。

公海中自由航行的游轮

4月10日清晨，“云雀”号与“长尾鲨”号在指定的科德角以东200海里海域会合。6时35分，会合后的两舰第一次沟通联络。“长尾鲨”号艇长韦斯利·哈维中校和“云雀”号舰长坦利·赫克上尉交换了彼此情况，互致了“祝你走运”的问候。

1小时后，“长尾鲨”号驶离“云雀”号10海里并完成了向大深度深潜的准备。

“准备下潜！”艇长哈维发出潜水部署，全体艇员各就各位，“潜到水下20米！”

海水迅速灌入潜艇的压载舱，随着升降发动机的急剧转动，潜艇渐渐下潜。

7时49分，哈维下令：“潜到水下130米，下潜角5°。”

“‘云雀’号，我是‘长尾鲨’号，我艇开始深潜。”通信联络官查克·冈特通过水下无线电话向“云雀”号报告。

“‘云雀’号明白！”

“‘云雀’号，我现在水下130米处进行压载舱的灌水试验，一切正常。”这一次冈特的语言在“云雀”号报务员韦恩·马丁听来，感到模糊不清。熟悉“长尾鲨”号的人们知道，它的压载舱从未在水下130米的深处做过试验。压载舱的容积太小，对于这艘4300吨的潜艇来说，显得很不相称，能否适应深航，人们有些担心。报务员马丁听到模糊、微弱的信号时，就觉得有一种不祥的预兆。

8时10分，冈特报告：“‘长尾鲨’号已下潜到试验深度的1/2处，并以每小时10海里的速度在水下行驶。”

压力巨大的深海

8时35分，“长尾鲨”号已下潜到水下200米处，下潜角15°。

8时53分，“长尾鲨”号报告：它正向试验深度接近。随着“长尾鲨”号下潜深度增加，“云雀”号收到的电讯号就愈模糊，此刻已到了难以分辨的程度了。

9时12分，两舰通信人员按预先的约定，进行了一次例行性的通信检查。这时的“长尾鲨”号已接近它预定的试潜深度。“深潜成功”的电报已经拟好，再过几分钟就可发出……

突然，从机舱里爆发出一声剧烈的响声。“不好！”艇长哈维闻声后，以冲刺速度冲进机舱，只见一股海水从艇外破壁喷射而入，通往核反应堆的一些电线已浸在水里，情况极为严重！

“艇长，要把漏洞堵上，必须先把反应堆关掉。”轮机长的建议，艇长马上同意了。

螺旋桨停止了转动，“长尾鲨”号航速顿减，堵漏排水还在进行……

9时13分，“云雀”号收到潜艇最后一份断断续续的信号：“……遇到小问题……准备排水上浮……”接着，听到潜艇舱内嗞嗞响声，“云雀”号上的舰员认为这是压缩空气吹入压载水舱的声音。

9时17分，“云雀”只听到水下一声沉闷的声响，接着是一片寂静。有经验的人都知道，这声响如同20世纪40年代大西洋反潜战中命中目标时水下传出的爆炸声一样——“长尾鲨”号已是舱室破裂、反应堆管路爆炸、人艇俱亡了。

这可怕的声响，使“云雀”号船员毛骨悚然，自感灾难临头。舰长赫克迅速将情况上报新伦敦潜艇司令部，并令继续呼叫、搜索。“长尾鲨”号舰员们不时投下手榴弹作为联络信号，让潜艇浮出水面。虽然，大家知道这是徒劳的工作，但因责任在身，一时一刻也不能耽搁。

当天下午，美国政府任命了一个调查失事原因的委员会。美国第一个海军军官出身的总统约翰·肯尼迪亲自查询事故经过和补救措施。

第二天一早，大规模的搜寻“长尾鲨”号的活动开始了。美海军出动救生舰、护卫舰、驱逐舰等水面舰船数十艘和“海狼”号、“海神”号核动力潜艇重叠搜索了好几天，仍然一无所获。

8月24日，海洋调查船携带“的里雅斯特”号人操潜水器，经8次深潜作业，终于在2500米深的海底打捞出一块1.42米长的碎钢片，上面刻有“593”字样——这正是“长尾鲨”号的艇舷编号。此外，很难找到比较完整的壳体或设备。好在根据射线实地检测，可怕的核反应堆没有显示严重危害的迹象。由于“长尾鲨”号129名艇员无一生还，该舰爆炸失事的确切原因至今仍是个难解之谜。

“卡斯基依·别尔维尔”号的爆炸危害大

1983年7月底，一艘载重为27万吨的西班牙“卡斯基依·别尔维尔”号大油轮，满载原油从波斯湾起航，绕过好望角，向欧洲驶去。8月5日下午，油轮驶入大西洋不久就遇上了恶劣天气，经过几番周折，油轮才安全地通过了开普敦市。可是，在下午1时30分，油轮中部突然发生爆炸，紧接着船体左舷出现了一条大裂缝。刹那间，引燃的原油从破裂的船舱中涌出，烟雾腾腾，火光冲天，流出的原油沿左舷向船

航行中的驱逐舰

波斯湾上的油轮

首和船尾蔓延。几分钟后，“卡斯基依·别尔维尔”号就变成了一个烈焰冲天的火炬，而周围成了一个烈焰熊熊的火海。

下午1时48分，船长冒着生命危险发出了求救信号。接到信号后，开普敦市立即派出5艘救生拖船，当时油轮距开普敦有70海里。几艘离出事地点不远的货船和渔船也赶来救援。油轮上的火势异常凶猛，不得已，船员们都跑到了船的两头。下午2时10分，船长命令全体人员离船，此时油轮周围几乎都被烈火和浓烟所笼罩。3小时后，一艘拖网渔船首先赶到，把26名人员救上船，其中包括船长和2名妇女。随即赶到的一艘集装箱船和一架直升机也各自救起1名船员。

你知道吗

开普敦

南非第二大城市，南非立法首都，西开普省省会，开普敦都会城区的组成部分。开普敦以其美丽的自然景观及码头而闻名于世，知名的地标有被誉为“上帝之餐桌”的桌山，以及印度洋和大西洋的交汇点——好望角。它位于好望角北端的狭长地带，濒大西洋特布尔湾。始建于1652年，原为东印度公司供应站驻地，是西欧殖民者最早在南部非洲建立的据点，故有“南非诸城之母”之称，长期是荷兰、英国殖民者向非洲内陆扩张的基地。现为立法机关所在地。

不久，5艘救生船也赶到了现场，但由于风大浪高，烈火熊熊，救生船无法靠近油轮，挂不上拖钩。猛烈的西北风把浮油和船体慢慢吹向陆地，严重威胁着非洲海岸人民的生命安全。

为防止火势蔓延到海岸，两艘救生船停在岸边待命，三艘救生船使用化学剂灭火。但此时浮油的面积已达20平方千米，看上去就好像整个大海在燃烧，任何灭火器都已

波斯湾景色

无济于事了。

更为糟糕的是，8月6日上午10时，海风骤起，风大浪急，风助火势，火借风力，一个大浪涌起，只听得“轰隆”一声巨响，油轮从中部断成两截，更多的原油流了出来，火势也更猛了。破裂的船体漂浮在海面上，随时都有再爆炸的可能。

一夜之后，油轮残体和浮油离海岸只有25海里了。8月7日凌晨4时36分，船的后半截又发生一连串的爆炸，并很快沉入海底。据专家们推测，油船后半截船舱中至少还有10万吨原油，其中一部分原油正从400～500米深的海底缓慢地向海面漂浮。不过幸运的是，此时西北风逐渐平息了，代之而起的是轻微的东南风。在东南风和海流的作用下，浮油开始向西北漂去，逐渐远离了海岸。

船的前半截仍在海上浮动，并以每天1.5～2米的速度沉向海底。船头在原油的重力作用下直立着，露出海面大约有20米高。船舱里的油还在不断地流入大海。8月7日午后，天气完全好转。拖船在直升机的协助下，给船的前半截挂上一根锚链，使它停在原地。下午4时50分，拖船开始缓缓地把油轮的前半截拖向外海。经过几天的努力，油轮的前半截于8月12日在离海岸100海里的地方沉入了2000米深的海底。

从表面上看，一场更大的灾难避免了。但是，装有10万吨原油的油轮的后半截还沉在离海岸仅有25海里的海底，它像一颗“定时炸弹”一样，时刻威胁着沿海人民的生命安全。而且，船舱中的原油还在不断地向上漂浮，长达40海里的浮油组成了一条乌黑的“海中河流”，污染着海洋，毒害着海洋生物。此外，从油轮爆炸起火的那天起，就有大量黑色烟云被风吹到陆地上，整个沿岸地区如同下了一场“黑雨”，农田和牧场被油烟所覆盖，纵深达100多千米。

被污染的一望无际的农田

“斯坦金堡垒”号起火爆炸波及孟买城

1942年，英国轮船“斯坦金堡垒”号在加拿大建成，长140米，宽19米，排水量7000吨。船上配备了两门大炮，几挺机枪——为的是防止德国飞机的袭击。

1942年2月24日，它满载着货物，离开了英国伯肯里德港，顺利避开了德国潜艇，于3月30日到达卡拉奇。它在那里卸下了几架飞机和一批弹药，又装上了8700包棉花、橡胶和硫等货物，还有155块金锭，又启程向孟买驶去。4月12日，它到达了孟买，停泊在维克多利亚船坞的一号码头。

第三天上午，才有一队码头工人来到"斯坦金堡垒"号的甲板上。他们从2号舱卸下TNT（三硝基甲苯的简称）、军火和放在易爆物下面的棉花。到下午2点，2号舱内还有不少TNT，4号舱内还有1370吨弹药。

一个搬运工人突然看见缕缕青烟从棉仓缝隙中冒了出来，又闻到一股刺鼻的焦煳味，立即向工头奔去："2号舱起火！ 2号舱起火！"

工头立即向船长报告火情。布兰克船长命令海员们立即前去救火，正在值班的船长助理飞速跑上码头，向电话亭冲去，给港口消防队打电话。

独具特色的孟买建筑

7分钟后，2辆消防车响着刺耳的警钟，风驰电掣般地驶向1号泊位，带队的是消防队总负责人沙恩德列尔斯上校。

消防队员们拉着水龙带跃上甲板，两支高压水枪向2号舱冒烟处喷出了强有力的水柱，但烟继续从船舱里冒出来，挑战似的扑向消防队员。20分钟过去了，青烟变成了浓烟；半小时过去了，浓烟中又蹿出了火苗。船长焦急地同上校商量，上校也感到奇怪，火苗是从哪儿蹿出来的呢？他又调来了8辆消防车，16支水枪一齐向冒烟的货舱喷出股股高压水柱。

你知道吗

空气压缩机原理

空气压缩机通过吸气端吸入新鲜空气进入气室（一级气室），经压缩排入二级气室压缩，送入储气室储存，最后经管道输送到使用工具上供使用作业。它的动力来源于柴油机或者电动机桥接或者直接带动工作。高压水枪是高压清洗机，高压水射流清洗机的俗称。

夕阳下的孟买海滩

火警引来了港务主任、港务监督、港口安全监督官和搬运联合会负责人。他们都登上了“斯坦金堡垒”号甲板，同船长一起急得东奔西跑。上校大声吼叫着，指挥着，甲板上乱成一团。黑色的浓烟大股大股地从2号舱里喷吐而出，火情越来越严重。这时，由于舱内货物的燃烧，2号舱前面的左舷船壳板上出现了樱桃红的斑点，人们这才明白，火源是在货舱的尾部。

水火无情。尽管消防队员们奋力喷水救火，但火势仍越来越大。下午3时45分，从船舱里翻腾上来的热浪，扑向救火的人们。人们被烤得无法在甲板上站立了，只好纷纷下船。

2号舱的船壳已燃得殷红，吃水线附近的水面上，水蒸气和烟火交织在一起，形成一片十分可怕的景象。

面对这种情况，人们深知“斯坦金堡垒”号的爆炸已迫在眉睫。

港口钟楼上的大钟指着4时06分。

一声巨响，“斯坦金堡垒”号爆炸了！

大地在颤动，海水在翻腾，火光在闪耀。

装载在船舱里的成千吨TNT炸药，像一头被捆绑得太久的猛兽，积聚了巨大的潜力，奋起挣扎；它又像乌云中的高能电荷，猛烈击发，撼天动地。

你知道吗

TNT炸药的威力

每千克TNT炸药可产生420万焦耳的能量。值得注意的是TNT比脂肪和糖三硝基甲苯释放更少的能量，但它会很迅速地释放能量，这是因为它含有氧可作为助燃剂，不需要大气中的氧气。而现今有关爆炸和能量释放的研究，也常常用“千克TNT炸药”或“吨TNT炸药”为单位，以比较爆炸、地震、行星撞击等大型反应时的能量。

一瞬间，“斯坦金堡垒”号消

失在烟柱和火海之中。船体的残骸、蒸汽机的碎片、棉花包、货箱、金锭和人体的血肉残肢，被爆炸的气浪抛到300米的高空，随后又散落到港城的各处。18辆消防车被送上天空，消防队员们被炸得一个也不剩，只是后来才找到他们的几个金属头盔。令人奇怪的是，船的尾部却十分完整地沉入水中，4号舱里还有800吨爆炸物！

27分钟后，又发生了第二次爆炸。它比第一次爆炸更猛烈，船尾和船上的大炮一下子被抛到几十米的空中，落到几百米外的公路上。停泊在它后面的一艘英国货轮“特沙拉巴特”号，被爆炸气浪掀到码头仓库的顶上，使库房顷刻塌毁。另一艘停泊在它前面的沿海货轮在爆炸时冲出了防波堤上的出入口，在海堤外倾覆后沉没。

可怕的是，城市也起火了。在海风的吹拂下，火逐渐从港区扩展到市中心的北部，越烧越旺。如果不果断采取措施，那无情的烈焰很可能把整个城市吞没。到了晚上，离城上百千米外仍能看到孟买城的熊熊火光，听到陆续传来的爆炸声。

为了拯救孟买城，人们在港区与城市之间立即清出一条500米宽的空旷区。在这紧急的时刻，有成千名陆、海军官兵，许多水手也自愿参加了这一工作。由于人们的突

孟买的合十塔

击抢运，1500吨炸药离开了内燃舱。保卫孟买城的战斗持续了三天三夜，城市终于得救了，没有在火灾中全部毁灭。1944年5月1日，“斯坦金堡垒”号点燃的罪恶之火，终于全部扑灭，孟买城才最终脱险。

“红宝石”级核潜艇

水下蒙难的“绿宝石”号

1994年3月30日清晨，法国海军“绿宝石”号攻击型核潜艇在法国南部土伦港至科西嘉之间的地中海海域内潜航时，后舱涡轮发电机室突然发生剧烈爆炸，正在舱内作业的艇长和9名官兵当场丧生，这是近年来法国核潜艇上发生死亡人数最多的一起重大事故。

事故发生后，“绿宝石”号潜艇被迫中止了同其他两艘潜艇的演习，关闭核反应堆，浮出水面，使用备用的常规推进装置缓慢航行，于30日晚返回土伦海军基地。

据有关专家调查得出的初步结果表明，发生这次重大爆炸事故，是由于该潜艇的后舱涡轮交流发电机组的供热系统发生故障，有可能是因为蒸汽循环系统加热过快引起的。法国海军参谋部发言人认为，潜艇发电机室爆炸是因为艇尾部两台蒸汽冷却器中的一台失灵，致使高压蒸汽侵入涡轮发电机组。

同时，法国海军参谋部立即下令召回在地中海和大西洋深水游弋的另外3艘同级核潜艇，着手进行全面的技术检查。

“绿宝石”号核潜艇是法国“红宝石”级攻击型核潜艇的第四艘，同级共有6艘。这级艇是法国继发展了第一代弹道导弹核潜艇之后又发展的第一型攻击型核潜艇。它不仅充分吸收了法国发展弹道导弹核潜艇的经验教训，而且集法国造船、核能、武器、电子等诸多行业技术之精华，是法国现代科技发展的结晶，具有非常独特的性能。

“红宝石”级核潜艇长72.1米，宽7.6米，吃水6.4米，标准排水量为2385吨，水下排水量2670吨。它是目前世界上最小的实战用攻击型核潜艇。其水上航速为20节，水下航速为25节，下潜深度300米以上，自持力45天。

该级艇在设计上与“阿戈斯塔”级常规潜艇较为相似。艇体大部分采用了单壳体结构，仅首尾两端为双壳体。上层建筑同以往的法国潜艇基本相似，指挥台围壳处安装了升降装置。艇内共分为5个舱，最前面的Ⅰ舱为鱼雷舱，安装有4具鱼雷发射管。紧随其后的Ⅱ舱为3层，上层为中央指挥部位，中层为住舱，下层布置有蓄电池等。Ⅲ舱为核动力舱。Ⅳ舱布置涡轮发电机及其他设备。最后面的Ⅴ舱有核动力装置的控制室、辅助设备、主推进器和应急电机等。此次爆炸事故就发生在Ⅳ舱。

“红宝石”级核潜艇最为独特之处是其动力和系统。它采用蒸汽发生器—涡轮发电机—主电机—推进轴电力推进方式。在核动力装置上，选用一座自然循环半一体化CAP型压水堆，即将蒸发器置于反应堆的顶上，主泵位于压力壳的两侧，使反应堆的压力壳、蒸汽发生器和主泵形成了一个统一的整体，取消一回路管道，采用自然循环压水堆。这不仅使核动力装置具有结构紧凑、系统简单、体积小、重量轻、便于安装调试、可提高轴功率等一系列优点，而且由于采用自然循环冷却方式，自然循环能力高达39%，因此在中低速航行时可不用主泵，这有效地降低了潜艇的辐射噪音，且更加安全可靠。在主机选择上，该级艇一改其他国家核潜艇采用蒸汽轮机的做法，而选用了一台主推进电机，从而取消了采用蒸汽轮机所必备的齿轮减速装置，消除了潜艇上最大的机械噪声源。此外，通过将核动力装置安装在一个整体式的减振座上，又进一步达到了减振和消音的效果。

“红宝石”级艇的武器配备也较强。在艇首设有4具鱼雷发射管，可携载、发射法国海军最新型的F17线导鱼雷和15型多用途自导鱼雷。鱼雷可在潜艇整个下潜深度范围内发射，且发射管再装填速度很快，可在短时间内对多个目标实施连续打击。同时，这4具鱼雷发射管还可发射“飞鱼”SM-39潜舰导弹。导弹可由水下隐蔽发射，而后掠海飞行,对敌舰实施突然袭击。该型导弹射程约为50千米，战斗部装药165千克，是目前世界上较为先进的反舰导弹之一。潜艇内总共可装载18枚导弹或鱼雷。一旦需执行布雷任务时，还可换载32枚各种水雷。

该级潜艇还装备有先进的声呐和火控系统。艇上的DSUV-22型综合声呐可用于远程被动搜索、警戒，引导主动攻击声呐和被动测距声呐工作，以对目标进行精确定位，并具有多目标跟踪能力。沿艇体两侧安装的 DUUX-5 型被动测距声呐可实现全景搜索，能同时对 3 个辐射噪声源进行方位距离测定和目标跟踪，并能对敌舰主动声呐信号和鱼雷自导头声呐脉冲信号进行侦察，测定其频率、方位、距离。DUUA-2A/B 型综合声呐站可在远程被动警戒声呐的引导下，以主动方式精确测定目标位置，并可进行被动听测、侦察、水下通信等。通过各种探测设备获得的信息被送至火控系统进行分析处理，在屏幕上显示出目标位置和战术态势，做出威胁判断，指定攻击目标，选择合适武器，完成武器发射。

“红宝石”级核潜艇尽管在吨位、航速、自持力等方面比一般攻击型核潜艇略逊一筹，但其机动灵活、隐蔽性好，因此适合在活动空间小、海底情况复杂、声波传播条件差的海域执行各种作战任务。同时，由于其设计合理、造价低廉、工艺简单、维修方便，因此已引起不少国家海军的关注。

虽然“红宝石”级攻击型核潜艇服役后曾多次进行了远航和环球航行，并取得了令人满意的航行效果，证明其具有较好的安全可靠性，但近年来却事故频繁。1993 年 8

“红宝石”号的航速很快

月，该级首制艇“红宝石”号在土伦附近海域巡逻时，与一艘油船相撞。潜艇虽然没有重大损伤，但将油船撞开了一条 5 米长的裂缝，导致 200 万升原油泄漏到海面上，造成的损失估计达 3000 万 ~ 4000 万法郎。1994 年 3 月，同级另一艘“紫石英”号在费拉角附近海域进行训练时撞到海底，造成潜艇底舱与首部声呐系统损坏，不得不浮出水面。

这次发生的爆炸事故，不仅造成了人员的伤亡，而且事故涉及核动力装置部分，其损失和性质也远比前两次事故更为严重。这使人们不得不对核反应堆的安全系统产生怀疑，而且将再次引起核武器、核

密西西比河出海口

试验和核反应堆的争论。

尽管“红宝石”级核潜艇具有极强的抗震能力和较高的自动化程度，此次事故的起因也与核反应堆无直接关系，但由于其能量巨大，事故频繁，且艇体长期受到海水侵蚀和承受巨大压力，因此它给海洋和人类仍带来了潜在的危险和污染的隐患。如何提高核潜艇，乃至其他各种核设施的安全性和可靠性，增强应付意外核事故的能力，已成为摆在各有核国家面前的一个日益现实而严重的问题。

航空母舰“福莱斯特”号意外引火

1967年7月29日，航空母舰“福莱斯特”号已在北部湾机动航行5天，处在距越南沿岸60海里处，正准备对越南进行轰炸。这天天气晴朗，离该舰不远处还有“奥里斯坎尼”号和“好人李查德”号两艘航空母舰。另有两艘驱逐舰负责警戒任务。

这天早上，从航空母舰“福莱斯特”号上已弹射出一组飞机。第二组飞机21架正准备分头起飞。突然，准备起飞的一架拦截歼击机下悬挂的空地导弹启动，导弹启动后撞击了尾后的另一架强击机的油箱，于是燃油沿甲板溢出。导弹的喷气式尾浪引起了大火，使用水和泡沫灭火，均未奏效。飞行甲板上飞机配置密集，火焰很快席卷了整个机群。飞机的油箱烧着了，机上炸弹和其他弹药开始爆炸，火焰迅速蔓延至飞行甲板尾部。重为340千克和450千克的飞机炸弹在甲板上相继爆炸，油箱伴着爆炸声冒出滚滚黑烟，沿飞行甲板弥漫，并蹿入了舰内舱室。

火和弹片给消防人员造成很大伤亡，消防器材也受到损害。不少舰员被爆炸的冲击波甩出舷外，另一些舰员跳入水中。由于舷高有18米以上，跳水人员中有不少摔伤的。有些驾驶员在着火的飞机里没能逃脱出来。舰员们与大火展开了拼死搏斗，有的摸索着从飞机上取下炸弹和导弹，把它们掷出舷外。飞行甲板的通道已不复存在，为了进入机库，他们便在飞行甲板、走廊甲板和舷边用气割装置开了许多切口，仅一层飞行甲板上的开口就达10个以上。

该舰还得到了航空母舰“奥里斯坎尼”号和“好人李查德”号及另外两艘驱逐舰的支援。

在灭火时，出现过不少差错。由于大部分有经验的消防专家在火灾初期就已经死去，所以后来的灭火工作只能落在没有经验的舰员身上。在火灾开始8分钟以后，他们才下达关闭舱室各门的命令。

海上巨无霸——航空母舰

经过几个小时的努力，飞行甲板和机库甲板上的主要火源被限制住，但是，这两层甲板间的火焰一直燃烧到晚上，经过一个昼夜才被灭掉。

航空母舰上起飞的战机

这场火灾造成134人死亡，62人受伤，26架喷气式飞机被烧毁，40架飞机连同弹射器、火炮，以及舰上各种设备被严重破坏。舰体10层甲板中的6层被破坏。装甲厚为45厘米的飞行甲板，由于爆炸，形成了7个裂口。该舰犹如受到战斗攻击一样，物质损失达1.4亿美元。

死亡人数最多——“苏尔坦莎”的沉没

“苏尔坦莎”号轮船在密西西比河失事，有超过1700人遇难。

这次轮船失事在世界河运事故史上占有特别的地位：按死亡人数来排列，这次轮船失事占第一位，而且它是和平时期美国商船队历史上最严重的一次轮船失事。

“苏尔坦莎”号是一艘明轮客轮，它于1863年在密西西比河上游制造而成。它被认为是当时全美国最大、最豪华的轮船之一。它的吨位为1719登记吨。船上有三层甲板，每层甲板上建有客厅、大厅和船舱，船上的摇臂式蒸汽发动机功率强大，轮船的时速可达每小时23千米。

1865年4月初，乌利斯·格兰特将军的司令部下令让一批从前的北方军战俘在维克斯堡登上“苏尔坦莎”号轮船，这些战俘已被南方军在安德森维利、卡哈巴、墨松、利芬斯克等地的战俘营关了差不多2年。

“苏尔坦莎”号只能容纳276位住船舱的乘客和400名散客。但是将军司令部命令船长麦松必须让2239名被释放的北方军战俘全部上船。当时，船上已有70位住船舱的乘客，而且还没有算85名船员。因此当“苏尔坦莎”号从维克斯堡港起航时，船上共有2394人——超过轮船的额定载客量3倍多。

与其他在密西西比河上航行的客轮相比，“苏尔坦莎”号客轮的锅炉还很新，当时它被人们叫作“试验中的”锅炉。春天的密西西比河河水中，混有许多黏土，这种水质的河水不适合性能尚不稳定的锅炉使用。

在“苏尔坦莎”号客轮上，士兵们不仅横七竖八地躺满了甲板，而且他们还挤满了船舱里面的过道。走廊、船梯，甚至连锅炉房也挤满了士兵。

驶抵孟菲斯港后，“苏尔坦莎”号又向上游行驶了8海里。此时已是4月27日，星期四。船上的钟指向凌晨2点40分。就在这时候，“苏尔坦莎”号的右锅炉爆炸了。这次爆炸非常猛烈，但声音并不大，就像蒸汽发动机排出压缩空气时发出的刺耳声一样。被炸穿了的甲板在那么多人的重压下倒塌了。客轮的一个烟囱倒在了船外的河里，另外一个烟囱倒在了船的前甲板上。1分钟不到，船的中部便被大火包围了。这艘轮船是由木头制成的，船舱里也是用木头装修的，此时它成了大火合适的燃料。

你知道吗

什么是蒸汽发动机

蒸汽发动机，具有管形液体容器，加热和冷却装置分别设置在液体容器的加热和冷却部分，而输出装置连接到液体容器，以便输出装置通过液体容器中的液体压力变化操作，以产生电力。

大部分睡在甲板上的士兵一开始就死了。

风助火势，大火以难以置信的速度把烧得通红的“苏尔坦莎”号变成了一个向河的上游行驶的巨大篝火：“苏尔坦莎”号的蒸汽机和左锅炉没有毁坏，客轮的明轮仍继续旋转着。谁也无法关闭蒸汽发动机。

“苏尔坦莎”号又继续航行了1个小时左右。后来，“苏尔坦莎”号吃水线以下的船舷都被火烧得滚烫，它被火焰包围，发出可怕的咝咝声，冒着一团团的浓烟和蒸汽，逐渐消失在河水里。那些企图在船舷旁逃生者的喊声也随之平息了。而那些抓住了水中浮木的人，则忍受着冰凉河水的折磨，被河水向下游冲去。

密西西比河风光

"苏尔坦莎"号失事事件中炸死的、烧死的、淹死的和失踪的人很多，据初步统计，共有1653人，获救的有741人。乘坐该船的"妇女基督教委员会"的12位女代表中，只有一人获救。"苏尔坦莎"号上的军官中只有轮机长耐特·乌因特力格尔活着。1周内，被送往孟菲斯医院的遇难者中，又有约70人因伤势严重和烧伤而死在医院里。这样，这次轮船失事中遇难的人数超过了1700人。

火灾葬送了"共青团"号核潜艇

1989年4月7日，苏联"共青团"号核潜艇顺利地完成了巡逻、试验等任务，所有的艇员都期望着五一节前能在岸上与家人团聚。

"共青团"号核潜艇，艇体为钛合金双壳体结构。外形酷似一条鱼雷。它是苏联唯一能下潜1000米以上深度的核潜艇。整个艇共分为7个舱室。艇上装备有核弹头鱼雷、潜射巡航导弹和反潜导弹，水上最大航速26节，水下最大航速38节。该艇是专门用于试验新型核动力装置和其他新研制项目的潜艇。

此时，潜艇在350～450米的深度上低速航行。在这个深度上，

指挥舱

艇的噪声基本上与海洋的本底噪声相同，当时世界上还没有一艘潜艇敢长时间地在这样的深度上航行。

海军准尉布赫尼卡什维利在值更。他检查完舱室后通过话筒向中央指挥舱平静地报告说："一切正常，氧气组分为20%。"但他走进7舱时突然发现7舱的左舷有火苗蹿出。他立即向中央指挥舱报告了火情，并关上舱室密闭门，试图用舱室中的泡沫系统将火源扑灭。但火势越来越猛，很快向其他舱室蔓延。

你知道吗

泡沫灭火器的灭火原理

使用泡沫灭火器灭火时，能喷射出大量二氧化碳及泡沫，它们能黏附在可燃物上，使可燃物与空气隔绝，破坏燃烧条件，达到灭火的目的。

艇长决定将潜艇尽快浮出水面，此时，大火已经到处肆虐：电线网、控制板都在燃烧、爆炸。水手们只能赤手空拳地把它们扯开。艇浮出水面后出现了左倾，并不断加大到8°。艇长想利用向5舱和7舱右舷的主后载水舱注水的办法消除左倾。但注水后，反而左倾更大了。这样又浪费了艇的储备浮力。

潜艇在海浪上颠簸着，从7舱冒出的烟气弥漫在海面上。该艇从11点10分至16点先后组织人员8次对各舱室进行探查，一边摸清潜艇受损情况，一边将受伤人员送至上层建筑上。

情况不断恶化。艇长只是向舰队司令部发出了密码报警信号，直至最后沉没都没有发出“SOS”国际求救信号。对此，幸免于难的海军准尉科佩科说：“在没有上级命令的情况下，艇长无权发出公开的国际求救信号。”正因为如此，斯堪德纳维亚的任何一个救生站都未能译出潜艇呼救信号的密码。

系统繁多的指挥舱

“共青团”号孤立无援地漂浮在海面上。除了7舱，别的舱内的火已被扑灭，水手们在甲板上为受伤的和中毒的伙伴们裹伤敷药。7舱仍在燃烧，潜艇消防队的一切努力均未奏效。

16点35分，艇长向舰队指挥所报告：“火势增强，扑灭无效。在15分钟内舱尾部隔壁的温度从70℃升至110℃，舱室不断发生爆炸，艇员必须撤离！”6分钟后，又报告：“艇体突然尾倾加剧！”舰队很快下达“准备放下漂浮救生舱”和收好秘密文件准备撤离的命令。

可是，他们在放第一个可容纳20人的漂浮筏时，发现怎么也解不开它。当终于把筏子放下水面时，却发现能自动充气的筏子根本没有充气张开，筏子很快地漂向了远方。第二个筏子是张开了，但底朝天！

接近17点时，艇长正式下达“艇上全部人员离艇跳海”的命令。

17点08分，“共青团”号核潜艇以尾倾约70°下沉。

遇难者在冰冷的海水中漂浮了1个多小时，许多人在落水前已经一氧化碳中毒，所以落水后多数死亡。救生船赶到后将幸存者救起。此次事故，全艇共69人，仅有27人生还，死亡42人。核潜艇最终沉没在 1655 米深的海底。

史上最大的油轮火灾

拉丁美洲北部巴巴多斯是个著名的海岛良港，位于大西洋和加勒比海之间。1979 年 7 月 19 日夜晚，西德远洋救助拖轮“奥辛尼克”号像往常一样，静静地停泊在那里，尽责的值班人员在检查、察看本船及其周围的同时，抬头远望黑沉沉的加勒比海。闪电偶尔划破乌云翻滚的夜空，接着，远处传来隆隆的雷声，一场猛烈的大暴雨即将袭来。

突然，电台中传来“SOS”信号！

服务员迅速收到了海难事故船的方位，并得到最初的报告：由于视线不清，满载 21 万吨原油的超级油轮“爱琴海船长”号在多巴哥以东 18 千米处拦腰撞上了满载 29 万吨原油的超级油轮“大西洋皇后”号。两艘油轮火势严重，危在旦夕。一场举世罕见的火灾正在蔓延……

巴巴多斯港口

对救援人员来说，时间意味着生命、财产和其本身的荣誉。6 个小时以后，“奥辛尼克”号首先到达火灾现场。方圆 1 千米的海面上，两艘油轮的庞大躯体犹如两堆巨大的篝火熊熊燃烧，直冲云天。原油不断从破损的船舱往外溢流，形成可怕的火海，随流飘向墨西哥湾附近海域。

你知道吗

墨西哥湾的气候

墨西哥湾位于热带和亚热带，高温多雨，降水量多。8 月份气温最高，可达 28℃以上；2 月气温最低，北部约 12℃，南部达 22℃。冬季常有偏北大风，夏季常遭台风袭击。降水量多，年平均达 1500 毫米左右。湾内暖水从佛罗里达海峡流出，成为墨西哥暖流的重要源地。墨西哥湾的潮汐，是每天一涨一落的全日潮；潮差一般很小，只有在台风季节，潮水受台风的驱赶，引起海水陡升，成为风暴潮，水位有时高达 5 米，会对沿岸洼地造成威胁，特别是湾北岸的风暴潮较多。

罗特范德船长并没有丧失理智，经过冷静思考和周密安排，决定先救“爱琴海船长”号。7月20日早晨，“奥辛尼克”号冒着随时可能被烈火吞噬的危险，进入火海。在漫天的浓烟中，视距极度不良。原油燃烧时产生的烟气令人窒息。“奥辛尼克”号打开所有的探照灯，寻救两艘超级油轮上的幸存者。12小时以后，“奥辛尼克”号小心谨慎地靠上了“爱琴海船长”号滚烫的船体。船上的钢板已烧得通红，强烈的辐射热使救助人员难以登船灭火。“奥辛尼克”号只得向“爱琴海船长”号船首不断喷放大量的泡沫和水柱，一方面，减小火势，冷却船体；另一方面，保护自己待机登船。

湛蓝的巴巴多斯港

不久，另外4艘拖轮先后到达。7月21日，在另外两艘拖轮的协助下，“奥辛尼克”号救助人员终于登上了火红的甲板，救助人员在弥漫呛人的烟雾中迅速铺设管道，把原油泵入没有破损起火的后舱，减少原油的外溢。

“大西洋皇后”号依然瘫痪在海面上，火龙飞舞，烈焰腾空。一旦油舱发生爆炸，后果不堪设想，就是说在场的所有船只、人员都将随之葬身大海。真是万分危急！

现场灭火和救助工作争分夺秒地进行，恐惧和死亡随着凶猛的火势在逼近，但它无法夺去救助人员的信念和力量。几经奋战，人们顽强地把消防泵装上了“爱琴海船长”号船上，火势初步得到控制。紧接着，破损的船首抬出了水面，止住了原油外溢，“爱琴海船长”号渐渐脱离了火海包围，张牙舞爪的火龙被压住了。

但是，“大西洋皇后”号的大火仍在熊熊燃烧。刚刚把这边的大火压下去，那边的火龙又蹿上天空。厚厚的一层油像黑色地毯似的铺满了80平方千米的海面。火借风势不断形成新的火区。这样的潜在火源威胁着刚刚脱险的“爱琴海船长”号以及18千米远的多巴哥旅游海滩。多巴哥当局被迫宣布处于紧急状态。3架飞机和4艘船昼夜不停地清除海面上的原油，运送救灾物资。为了阻止火势的扩大，“奥辛尼克”号等几艘拖轮协力把“大西洋皇后”号转到下风处。5名消防人员组成的突击队几次试图登上这艘“火轮”均告失败。这时大火已经烧了整整10天。“大西洋皇后”

号上的原油差不多已经烧掉或溢出了一半，剩余的10万多吨原油仍处于火海包围中，灭火救船的希望愈来愈渺茫。

8月1日夜晚，经过几次艰巨的轮番冲锋，救助人员把一部分消防器材送上了“大西洋皇后”号。救助人员从“大西洋皇后”号左舷下来，准备再度出击。突然，响起了震耳欲聋的爆炸。原油喷出即成火柱，高达150多米。瞬间，海面上大火一片。刚搬上“大西洋皇后”号的器材转眼间化为灰烬。所有的船只被迫撤到离火海50米以外的地方。但是，还是有不少人被灼伤，救船的希望彻底破灭了。

8月3日，当地时间晚上9点30分，奄奄一息的“大西洋皇后”号尾部急速下沉。船体下沉的压力使“大西洋皇后”号再度发生剧烈爆炸。巨大的火球犹如火山爆发喷入夜空，白色汽团在海面上蒸腾弥漫，久久不散，整个海域像开锅的水一样沸腾开来……

这起航运史上迄今为止最大的油轮海难事故，历时16天，失踪27人，导致了1.5亿美元的惨重损失。

疾驰的火船

载客明轮船“斯洛卡姆将军”号是按纽约尼盖尔巴盖尔·斯基姆鲍姆德合伙公司的订货，于1891年在布鲁克林戴万和巴尔基斯公司的造船厂制造的，它主要用来运

海洋的原油清理作业

美丽的纽约郊区

送纽约内河航线和长岛航线上的游客。该船的登记吨位为1248吨，长80米，宽11米，吃水深度达2.6米。功率为1030千瓦的摇臂式蒸汽发动机能使带有可转动外轮片的明轮旋转起来，船速可达18节。该船共有四层甲板，能容纳2500名乘客。

1904年夏天，纽约马丁·路德教会的一个德国团体为了庆祝他们侨居美国十七周年，租用了“斯洛卡姆将军”号去萨拉乔夫小树林游玩——这是位于长岛北岸的纽约风景如画的郊区。

在那不幸之日的清晨，“斯洛卡姆将军”号便驶离了古特索港，绕过沿岸的巴特利后，于8点20分在东利维尔河上的码头靠了岸，以便迎客上船。

1904年6月15日是个平常的日子，这天的游客主要是妇女和儿童，男人不足百人。1388人上船后，“斯洛卡姆将军”号于上午9点40分驶离码头，它转了一个弯后，便沿着东利维尔河顺流而下，向长岛海峡方向驶去，退潮时的水流加快了轮船的航行速度。

你知道吗

什么是退潮

退潮通常指从高潮向低潮的这段时间内海面的下降过程，又称为落潮。当海面下降到最低位置时，海面有一短暂的时间处于平衡状态，叫停潮。停潮的中间时刻为低潮时，停潮状态时的海面水位为低潮水位，即所谓低潮高。

在“斯洛卡姆将军”号驶离码头20分钟后，船上突然着火了。最先发现着火的是一位乘客——11岁的小男孩。当走过明轮后侧左舷的下层甲板时，他闻到了烟味，这烟味是从一间锁着的贮藏室的门缝中钻出来的。小男孩把着火的事告诉了水兵杰克·戈克力。后者打开了贮藏室的门，里面存放着旧缆绳、装有油漆和机油的圆木桶、餐具和客厅里的坏家具。一个用来往船上送玻璃餐具的圆木桶里的稻草起火了。这位水兵为了压灭火焰，随手抓到什么就放进了桶里——他放进桶里的是一袋碎煤，厨师用它来生船上厨房的炉子，而后他决定去找人帮忙。他将着火的事告诉了大副艾德瓦尔特·弗拉那冈，后者同样如此，显然不愿承担责任，将此事告诉了轮机长贝·克刻林。轮机长集合了五六名水兵和锅炉工后，打开了灭火泵，在甲板上展开了水龙带。但他们刚刚打开阀门，水龙带便断成了几截：因为老化陈旧的水龙带已承受不了水的压力。几分钟后第二轮机手艾维列特·布莱顿拖来了另外一根稍细的橡皮水龙带。但是他们却无法使用它，因为他们找不到接到水泵上的转换管接头。在这段时间内，木桶里的火苗已点燃了机油和油漆，火焰迅速地蔓延到贮藏室的木制护墙板和舱壁。

“斯洛卡姆将军”号顺着退潮的水流逆风行驶着，为了不使轮船在“地狱之门”的急流处失去控制，船长万沙克驾驶着该船以极限速度向前急驶。当该船驶近海峡时，船速达18节。这加快了火苗向上和向船尾蔓延的速度。待在三层船头甲板上乘客们没想到船上着火，就连站在驾驶室的两名引航员和船长本人也不知道船上起火了。乐队继续奏着乐，而乘客们继续跳着舞。

大副弗拉那冈在水兵杰克·戈克力向他报告着火消息后20分钟，才报告船长发生了火灾。

停船或将船驶上浅滩都是不可能的，因为此时船已驶入了海峡，并开始拐第一个弯。如果这时停下“斯洛卡姆将军”号的蒸汽发动机，那么水流便会将它掀翻，并将它抛到“地狱之门”的峭壁上。没有别的出路，熊熊燃烧的“斯洛卡姆将军”号继续匆忙地向死神驶去。

坚硬的峭壁

行驶在“黑尔·戈特”海峡处的“斯洛卡姆将军”号就像是一堆巨大的、浮在河面上的篝火。大火已蔓延到了轮机舱的照明舱口，并且吞没了船头两个下层甲板。

船长万沙克得出结论，能将轮船驶上浅滩的唯一地方是，位于布鲁克斯沿岸对面的诺尔特·布莱塞尔·阿列特岛。

于是“斯洛卡姆将军”号向救命岛驶去，这时功率强大的港口拖轮“福兰克林·艾德松”号紧挨着驶近它，并在它的明轮罩上系了根缆绳。约有50名乘客转移到了拖轮上。但是紧挨着“斯洛卡姆将军”号的拖轮也被点燃了，拖轮只好向岸边驶去，以便放下乘客。救火船、渡船和明轮小艇都从各处驶向“斯洛卡姆将军”号。这些船从水里救起了乘客，捞起了尸体。

船长打算将船的右舷靠上浅滩，却没成功，船头顶在了石头上，水流使轮船改变了方向，结果船尾处在深水里。因为这个原因，许多不会游泳、指望从船上跳到干地上的乘客，便永远留在了被大火包围着的船上。

在“斯洛卡姆将军”号的这场大火中丧生的人数是令人震惊的。就在火灾发生的当天，人们便发现了498具尸体。遇难者最后人数为957人。但送往医院的乘客中又有许多人由于所受损伤和烫伤太重，医治无效而死亡，所以遇难人数很快增加到1021人。“斯洛卡姆将军”号起火后，船上的1418人中(其中包括30名船员)有175名乘客和5名船员被严重烧伤。一点也没有受伤的乘客有251人。

危险的浅滩

不幸的“斯洛卡姆将军”号的最后这次航行于9点40分开始，于10点20分结束。大火只用了1.5个小时便把它烧毁了。虽说驶到诺尔特·布莱塞尔·阿列特岛的灭火船尽了最大努力，但“斯洛卡姆将军”号封闭的甲板后面的部分还是都被烧掉了。

火焰突发，超级油轮葬身

在大西洋、印度洋交界的好望角海域，终日狂风呼号、怒涛排空。

你知道吗

危险的好望角

好望角位于大西洋和印度洋的汇合处，即非洲南非共和国南部。强劲的西风急流掀起的惊涛骇浪长年不断，这里除风暴危害外，还常常有“杀人浪”出现。这种海浪前部犹如悬崖峭壁，后部则像缓缓的山坡，浪高一般有15～20米，在冬季频繁出现，还不时加上极地风引起的旋转浪，当这两种海浪叠加在一起时，海况就更加恶劣，而且这里还有一种强的沿岸流，当浪与流相遇时，整个海面如同开锅似的翻滚，航行到这里的船舶往往遭难，因此，这里成为世界上最危险的航海地段。

1982年8月5日深夜，这里虽然正值隆冬，但天气却有例外。肆虐的风浪似乎有所驯服，海空皓月高悬，繁星闪烁，海面帆影船行，百舸竞发。午夜刚过，西班牙1艘满载原油的超级巨轮——“卡斯蒂略·德贝维尔”号乘着月色，高速而平稳地向西奔驰，一条洁白、笔直的航迹足有250米长。

8月6日1时许，值班大副埃比加突然发现左舷3号油舱舱口一团橘红色火焰蹿出舱面，燃向周围。“不好！”埃比加边说边拉响了失火警笛。这刺耳扣心的警笛，划破夜空，震惊全船。船员们翻身下床，奔上甲板，手持各种消防器材，奔向火区。

船长阿方索一奔上驾驶台，看到烈火蔓延，情况危急，急令停车，将燃烧的左舷转向下风方向，令大副等人到现场组织灭火。几分钟之内，尽管使用了大功率泡沫喷枪和化学灭火机，但火势仍然有增无减，一切扑救行动都无济于事。20分钟后，熊熊大火几乎蔓延到整个舱面，眼看波及全船。老成的船长见扑救无望，命令船员快上救生艇弃船。而他自己则带着一名青年船员进入驾驶室和船长室，取出本船履历书和船舶、航海资料、装载文书等，又到报务房向国内总公司拍发急电：“油舱起火，火速营救！”同时，还向附近船只发出了“SOS”求救信号。

在船员的催促下，船长刚上救生艇，“轰！”机舱里传出了一声剧烈的爆炸声，他不禁回头怜惜地望着升腾着烈焰的油轮。这时三副报告，已有 29 名船员和 2 名家属离船，还有 5 名船员未见离船。大家把目光投向烟火包围中的油船，有的还呼叫着 5 人的名字。

半小时过去了，只见烈火愈烧愈旺，团团浓烟直冲云天。由于爆炸，油液外泄，左舷海面漂着一大片黑色油污，有的浮油上卷起火舌，而尚未离船的 5 名船员仍无半点踪影。鉴于油舱随时会发生更大的爆炸，船长吩咐各救生艇驶离油轮百米以外。

燃烧中的船舶

又过了半小时，南非派出的两艘营救拖轮赶到现场，救起了救生艇上的船员。不久，闻讯赶来的一艘远洋货轮又救起了一名泅游的船员。

凌晨 5 时，人们透过晨霭，借助燃烧的火光，发现油轮指挥塔上有一个人影在晃动。由于火势太大，轮船和救生艇都无法靠近营数。正当大家万分焦急的时候，南非的一架直升机飞抵油轮上空，用软梯把那个处于绝望之中的船员救出火海。至此，共有 31 名船员、2 名家属脱险。

上午 9 时，油轮已成为一个巨大的火球，随着几声沉闷的爆炸声，船体发生断裂，石油像开了闸的洪水向外涌流，冲天的黑色烟柱高达 300 多米，相距 50 千米的南非海岸上的人们，清楚地看到了燃烧的烟云。大量溢出的原油迅速地向四周扩散，时至中午，浮油漂散到 30 千米长、4 千米宽的一大片海域，其中部分海域的油层达 5 厘米多厚。

下午 3 时，海面刮起了 4 ~ 5 级南风，大片的油斑渐渐地向南非海岸移动，黑色的烟灰已开始纷纷扬扬地飘落到沿海农田和牧场上。

为了防止给沿岸一带的海域造成污染，南非当局采取紧急措施：从开普敦派出飞机和轮船，日夜不停地向海里播撒消油剂，但收效甚微。大面积油斑继续向岸边推进。幸好，自第二天中午起，风向发生变化，一股强劲的西北风把这片巨大的浮油区推向了公海，避免了南非沿岸的进一步污染。

你知道吗

什么是消油剂

消油剂学名“溢油分散剂”，是由多种表面活性剂和强渗透性的溶剂组成，主要用于处理海上溢油及清洗油污，是治理海洋石油污染的必备品。消油剂的作用机理是将水面浮油乳化，形成细小粒子分散于水中，主要适用于开阔海域的溢油处理。消油剂分为常规型号和浓缩型两种，主要区别在于活性物含量的高低。

8月7日傍晚，海水涌进了多处断裂的“德贝维尔”号船舱，船开始徐徐下沉。至天黑时，西班牙的这艘27万吨级的超级油轮就完全消失了，未见踪影的3名船员估计在几次爆炸中死于舱内，随船葬于深海之中。

西班牙帆布船

“卡斯蒂略·德贝维尔”号油轮是西班牙迪斯造船厂制造的，于1978年下水，造价为2.7亿美元。船上装有遥控发电机组，储存数据的电脑和自动化监测、报警、消防等电子设备，是西班牙最大的现代化巨型油轮。

事发后，西班牙政府成立专门机构，调查起火原因，经过近一年的内查外调，仅得出种种推测，时至今日还没有得出一致的、令人信服的结论。

“堡垒”号客轮失事记

纽约沃德海运公司有一艘名为“堡垒”号的客轮，该船美观大方，性能优良，内部装饰典雅，豪华舒适，深得游客的喜爱。不料，一场莫名其妙的大火却使它毁于一旦，而同时死伤的300余人更令人为之扼腕叹息。1934年9月7日，“堡垒”号自哈瓦那返回纽约，船上共有450名乘客，包括138名德美协和女神合唱协会的会员。客轮起锚前例行开了招待会，以往从不缺席的船长这次却没有参加，晚上7点钟，他便因心脏病突发而一命呜呼了。代理船长匆忙上任，可是，就在开船前不久，船员和乘客竟都喝得酩酊大醉，启程的准备工作显得那样漫不经心。“堡垒”号终于上了路，夜幕降临之时，客轮正沿大西洋海岸向北航行，又遭到一场飓风的袭击。然而沉浸在欢乐中的游客们却没有受到丝毫影响，有的在舞厅跳舞，有的在卧舱里豪饮狂欢，甚至有6位女士竟然因为饮酒太多兴奋过度而死。人们没有意识到，这一切意外正预示着灾难即将降临。

第二天凌晨2时15分左右，一位名叫保罗的旅客走出客舱寻找同屋的伙伴，他随手推开会议室的门，却看到了滚滚浓烟。应声跑来的服务员走上前去，刚一开门，一条巨大的火龙便迎面扑来，转眼屋里才换下来的150条毛毯和桌椅、地毯等已化为了灰烬，呼救的声音惊醒了旅客，船员们立即赶来灭火，可当他们拧开水龙头，管内的水竟然一点压力都没有，只能眼睁睁地看着大火向四处蔓延。不一会儿，整条船都燃了起来，火光照亮了天空，舱内到处都是浓烟，能见度仅有几米远，一些旅客来不及逃跑已被烧死在客舱里，而代理船长沃姆竟仍然命令客轮全速行驶，大风更加助长了火势，在三副的强烈要求下，船终于原地抛锚。

令人遗憾的是，在这种紧急的时刻，“堡垒”号的船员们没有表现出他们应有的素质和责任心，他们本来可以凭借经验帮助一些旅客逃离险境，但是他们却违背了自己的职责，彼此间竟为了争夺救生艇斗得你死我活，轮机长命令轮机手坚守岗位，自己却先抢了条救生艇逃之夭夭。旅客们失去了救助，有的被活活烧死在船上，有的跳入大海，试图靠游泳来挽救自己的生命，然而不少人还是被大浪吞没，葬身鱼腹。

清晨，当“堡垒”号漂到岸边，成千上万的人们都被眼前的惨状惊呆了，船壳仍在燃烧着，烟柱不断冒起指向天空，船上到处都有烧焦的尸体，海面上漂浮的人们也早已气绝。而在到达岸边的两条救生艇上，获救的42人中竟有40个都是船员。

在这次灾难中，共有133人遇难，200余人受伤。事故的起因一直没能查清，幸免于难的代理船长沃姆和轮机长艾伯特等人均以玩忽

失火的游轮

职守罪被起诉，沃姆被判两年监禁，艾伯特被判有期徒刑4年，他们应该为自己的行为付出代价，可是相比那些无辜死去的人们，这样的处罚真是太轻了。

一枚小型信号弹，燃起航母熊熊火

20世纪60年代，是美国航空母舰编队不走运的年代。在这个历史阶段，美国许多新建的航空母舰相继发生大火。攻击型航空母舰“奥里斯坎尼”号揭开了海上一系列火灾的序幕。

“奥里斯坎尼”号是参加越南战争的一艘航空母舰。这次火灾发生在越南沿岸北部湾。1966年10月26日，该舰正准备派出飞机去轰炸越南沿岸，机组人员忙碌着，飞行甲板上正检查飞机准备弹射的情况，机库内飞机也在检修和调配，舰内舱室人员各就各位。

7点27分，在右舷机库首部的弹药库，突然引爆了一枚小型镁信号弹，引发舰上起火。火警发出后，舰上立即组织人员与迅速蔓延的大火做斗争。不久，火舌席卷机库部位及邻近舱室。由于火势发展迅猛，全舰的安全受到威胁，因为大火正向燃料舱和弹药库逼近。舰首舱室充满了刺鼻的浓烟，要想从这里撤走人员和灭火极为困难。火灾后几分钟，信号弹箱发生爆炸，这使灾情更加恶化。之后，火舌奔向两架直升机，并接近液态氧的存放处。但是，只有使用水降温才能排除氧爆炸。经过一段时间，从舰首取来了水管，由于它们已烧坏，又从舰尾取来完好的水管。

为了避免弹药爆炸，人们已将几十吨重的飞机炸弹、炮弹和其他易燃物品抛出舷外。部分20毫米炮弹在消防队员活动区爆炸，致使不少人伤亡。在机库，卸下飞机和直升机上的武器以后，将它们运往飞行甲板，使其远离火焰。在飞行甲板，再将这些飞机移到艉部，因为艏部火情很大。

与此同时，船员还采取了一些救人措施。首先搭救被大火包围的舱室中的指挥人员及其他舰员。为了把机库甲板下着火舱室的人员救出，使用了单人潜水呼吸用具。

越南风貌

从火灾开始到扑灭，经过了8个小时。这场大火中死亡44人，受伤41人，4架喷气式强击机破损，2架直升机烧坏。艏部机库和舱室、弹射器、一些飞机升降机和电气设备均遭到了严重的破坏。

火灾扑灭后，该舰驶向苏毕克湾基地进行小修，之后又回美国应急翻修，花了数月时间。

美国“莫洛·卡斯”号客轮失事

1934年9月5日下午6时，美国“莫洛·卡斯”号客轮从古巴的哈瓦那港启程，载着318名乘客，开往美国纽约。

9月6日傍晚，机舱内的一个锅炉出了故障，失去了正常的供气能力，船速随之也降了下来。但是，依靠其他锅炉的供气，船只仍能以每小时19海里的速度继续航行。

晚上9时，轮机长埃鲍脱路过船长室时发现威尔门特船长已死了。大副霍姆斯便成为代理船长。

9月7日凌晨3点，“莫洛·卡斯”号正在波涛汹涌的大海上全速前进。突然，一位值班水手大声告诉霍姆斯：“船上有烟！”

霍姆斯问：“烟在哪里？”

那人告诉他：“在上甲板左舷、烟囱附近的一个小通风机那里。”

霍姆斯明白是火警，立刻通过传话筒呼叫轮机长，没有回答。又抓起电话打到机舱、锅炉房，埃鲍脱都不在。霍姆斯命令二副去查看一下。

二副发现船尾图书室的门缝里有烧焦味传出。他把锁着的门踢开，里面烟雾弥漫。二副用手帕捂住口鼻，进去寻找火源，发现烟是从一只柜子里散发出来的。他急忙打开柜子，看见里面有化学药品在燃烧，闪烁着蓝色的火焰。他好不容易走出图书室，就昏倒在走廊里。

图书室里的火焰在蔓延，书柜、木质家具、地板和舱壁都燃着了。死亡之火又蹿向客厅、酒吧间和饭厅……船员们提着灭火机，向船尾冲过去，但火势已旺，灭火效果不大。灾情在不断扩展，全船人员处于极度的慌乱之中。

霍姆斯发出“发生火灾，全船动员”的命令。可是，由于“莫洛·卡斯”号平时缺乏应有的防火训练，事到临头不免有些惊慌失措。在这样的紧急关头，代理船长也忘了下令减速，轮船仍以每小时18.8海里的速度前进，一共行驶了10分钟。这就像用风箱吹火一样，把火势吹得更旺，火龙升腾在“莫洛·卡斯”号的上空。

旅客们拼命沿着走廊和扶梯往上甲板挤，在救生艇前每人都争着要抢占一个位置。船员们也各自逃命，一片混乱。船上共有 12 只救生艇，每只可乘坐 70 人，再加上救生筏，总共可收容 1000 多人。如果组织得好，全体船员和旅客显然都可以得救。可是，在这种无秩序的情况下，一只救生艇只坐上七八个人就放下海去了。因为人们的惊慌失措，18 个救生筏和救生浮具未被松开绳索，因而不能发挥作用。

霍姆斯面对着眼前的混乱情况，无能为力地站在驾驶台上。突然，电话铃响了，他拿起话筒，听到值班轮机员的声音：“火焰快蔓延到燃油舱，有爆炸危险！”霍姆斯立即命令他：“打开机舱里的泡沫灭火设备，关闭燃油阀。汽轮机立刻停车。”

此时，报务员正在拍发着：SOS，SOS……

只发出 3 次呼救信号，一阵爆炸便震坏了发报机。“SOS”的救援电波传到美国新泽西州海岸警备队。可是巡逻艇上的电报员是个新手，接收信号遗漏，无法看懂是什么意思。十分奇怪的是，夜航的巡逻艇中，无线电处于良好接收状态的竟无一艘。

“SOS”被航行在附近的货船“勒肯伯哈”号收到了。它全速开往失事地点，迅速组织营救工作。不久，其他船只也闻讯赶来，共同救助落难的船员和旅客。

可怜的“莫洛·卡斯”号，未能走完该航程的最后 50 海里，便被一场莫名其妙的大火烧毁了。升腾着烟火的无人船，继续在美国的东海岸漂移着……

在这次海难中，有 414 人获救，135 人丧生，价值 500 万美元的大客轮被毁。

“阿玛索卡”号的毁灭

1850 年，英格兰的另外一家大型航运公司罗皇家麦伊尔邮船公司在布莱古奥列的造船厂订制了一艘大型的装有明轮的木制轮船。

你知道吗

什么是明轮

明轮，又称明轮推进器，是船舶的一种推进工具，利用明轮转动、叶片拨水来推进船舶。明轮推进器比桨、橹等推进工具先进一步，但是，它结构笨重、效率低，特别是遇到风浪中，所以，明轮推进器后来被螺旋桨所代替。

这艘新造的木制轮船于 1851 年 6 月 28 日离开船台下水，取名为“阿玛索卡”号。它的木制船体长 91 米，船体最宽处有 12.5 米。船上装有一台功率为 80 马力的蒸汽发动机，这是当时的人们完全能接受的。除此之外，船上还装有全套的风帆设备。

1852 年 1 月 2 日，星期五，3 点 30 分，“阿玛索卡”号载着邮件、特别指定的贵重货物、52 名乘客和 110 名船员，驶离了南安普敦港。在波特兰—比尔海角附近，“阿玛索卡”号遇到了西南向的风暴。船上的蒸汽发动机只好开足马力，以对抗风暴的袭击。然而几个小时之后，发动机的轴承便开始发热，轮机手们只好隔一段时间便关上发动机，让轴承冷却下来。

1 月 4 日，也就是星期天的清晨 3 点左右，在一个大海浪拍打过轮船后，“阿玛索卡”号上的二副特留乌伊克，走到烟囱后面“喘一口气”，他刚在明轮罩之间的露天驾驶台上值完夜班。正当他系紧带帽雨衣的细绳时，他的心脏突然剧烈地跳动起来，因为他看见从烟囱后面轮机舱的照明舱口里钻出橙黄色的火舌。他叫来值班的水手，派他去轮机舱查清出了什么事，并叫他马上叫醒船长。

船长萨曼斯跑到驾驶台上后，向全船发出了火警，并命令关闭所有客舱和走廊的门，以免乘客们跑到甲板上来。轮机舱里什么也看不见：刺鼻的黑烟充满了轮机舱。火苗正在里面的某个地方熊熊燃烧。第四轮机手斯通想关闭蒸汽发动机，但大火和浓烟让他无法靠近机器。当轮机长从船舱里跑来时，火焰已包围了整个蒸汽发动机。待在轮机舱里的所有人只好逃到甲板上。

风助火势，从轮船里面开始烧起来的大火很快就烧得更旺了。10 分钟后，火势从轮机舱蔓延到了甲板，烧着了船上涂满树脂的绳索。在轮船底部的某个地方，装满机油的木桶由于受热而爆炸了，木桶里的机油洒到了底层甲板上，这些机油又成了大火丰富的燃料。

船长萨曼斯发现，大火已无法扑灭，而惊慌已使这些出色的水兵变得难以指挥，他决定试一试，哪怕只救出一些妇女和儿童也好。由于人们无法关闭“阿玛索卡”号上的蒸汽发动机，所以轮船仍迎风破浪向前行驶，它在风暴掀起的巨浪上猛烈地颠簸着。所幸船上的舵还很好使，船还能拐弯。船长下令“阿玛索卡”号顺风行驶，让风把火吹向船头。“阿玛索卡”号的半个船身已被大火包围，船上的舵手向一侧船舷转舵，轮船开始拐弯，但船体却向一侧倾斜得厉害，舷墙里差点灌进海水。拐弯后，“阿玛索卡”号的船体不再倾斜，它以更快的速度顺风向前急驶——火苗都被风吹向了前甲板。

终于，被大火烧毁了的蒸汽发动机停了下来，人们将剩下的5艘小艇从“阿玛索卡”号上放下了水。据后来获悉，当时船长萨曼斯并没有打算逃生，他留在了轮船上。

在夜色中，一条火焰从“阿玛索卡”号的中部腾空而起，随后海面上传来了轰隆的爆炸声，桅杆一个接一个地掉到船舷外，海浪上空飞起一股股火花。这是船上的火药爆炸了。当时在大西洋的欧洲海岸海盗还很猖獗，为了抵御海盗的袭击，在“阿玛索卡”号上装备了一门短程大炮，这些火药便是这门大炮的弹药。现在看来，这些火药已足以将“阿玛索卡”号彻底毁灭了。“阿玛索卡”呲呲响着沉入了大海深处。它是在距锡利群岛西南方向约177千米处沉没的。

共有160多人乘坐“阿玛索卡”号出海，幸免于难的有58人。其中7人后来死在岸上，11人因此海难而疯了。

林立的桅杆

第五章
碰撞——最常见的海难

或许浩瀚无际的大海没有想象中的那样宽广，在它的怀抱中如蝼蚁般的船舶，也会像陆地的汽车一样不可避免的碰撞，只是这种碰撞的代价太大了，一旦发生，悲剧便狠狠地抓住机会，开始它残忍冷酷的虐杀。

泰晤士河上的大悲剧

1878年9月3日，在泰晤士河左岸，伦敦桥阴影处的“天鹅”码头上，在乐队的伴奏下，装饰着各种旗子的“阿丽莎公主”号观光船开始迎客上船。这是一艘铁制明轮船，它是伦敦斯基巴姆德合伙公司船队中最好的轮船之一。它与其他船只的区别是，它的船体外型十分优雅美观，因此，它是最受伦敦市民喜爱的一艘观光船。

夕阳下美丽的航船

乘坐“阿丽莎公主”号去野餐的乘客都打扮得非常时髦：女人身穿长长的、裙摆用细骨架撑起的连衣裙，头戴插有人造花饰的帽子；男人身穿长礼服和燕尾服，头戴大礼帽或圆礼帽。

你知道吗

什么是海难

海难，即船舶在海上遭遇自然灾害或其他意外事故所造成的危难。海难可给生命、财产造成巨大损失。造成海难的事故种类很多，大致有船舶搁浅、触礁、碰撞、火灾、爆炸、船舶失踪，以及船舶主机和设备损坏而无法自修以致船舶失控等。

10点30分，“阿丽莎公主”号鸣响了汽笛，它在河中间转了个弯，随后它的船尾便驶离了码头，它以11节的速度向泰晤士河下游驶去。

“阿丽莎公主”号观光船在什尔耐萨停留了3个小时，以便乘客们去野餐，之后，疲惫但对这次度假非常满意的乘客们又回到了船上。“阿丽莎公主”号观光船便启

海难中的沉船

程返航。

傍晚的天气十分温暖，四周一片寂静。“阿丽莎公主”号避开退潮时湍急的水流，沿着泰晤士河右岸向特丽普克刻海角驶去。

与此同时，一艘运煤船“巴乌艾尔·卡斯尔”号正沿泰晤士河向下游行驶。

19 点 35 分，“阿丽莎公主”号的船长发现了迎面驶来一艘运煤船的航行灯，同样运煤船上的引航员基科斯也看见了从特丽普克刻海角后面驶出的“阿丽莎公主”号上的红色左舷灯。两船相遇的泰晤士河有 3 海里宽，能见度极佳。当时，英格兰尚没有海船和河船在河道中错船的统一规则。船只可以根据当时的情况，从轮船的任何一侧错船。

“巴乌艾尔·卡斯尔”号的引航员基科斯知道，迎面驶来的轮船是逆流而行，并正在绕过海角，他以为那艘船会拐向泰晤士河的北岸(即左岸)，因为他觉得那里的水流会平缓些。因此他打算将船驶近泰晤士河南岸，从左侧船舷与那艘明轮船错船。但是，同样有引航员权利的“阿丽莎公主”号的船长，却有另外一种想法：他决定不切断迎面轮船的航线，让自己的船仍旧沿南岸(即右岸)航行。但是不知为什么格林斯潘有一些犹豫，他向左舷转舵转得太晚了。当观光船驶出海角时，湍急的河水将它冲到了泰晤士河的急流处。“巴乌艾尔·卡斯尔”号上的人已能看见“阿丽莎公主”号右舷上的绿灯了，就在此时，“阿丽莎公主”号的右舷被撞了一下。如果引航员基科斯能迅速左转舵，

海上救援船

本来是能挽救两船相撞的危险局面的，可“巴乌艾尔·卡斯尔”号的船舵却转向了右舷。于是两船相撞已无法避免。在两船相撞前几秒钟，两艘船上只听得见吆喝声、要求对方让道的喊话声、诅咒声和责骂声。

两船相撞后，“巴乌艾尔·卡尔斯”号运煤船的船头曾在“阿丽莎公主”号右舷上撞出的大洞里停留了一会儿，这时，“阿丽莎公主”号还没有下沉。但这艘运煤船的船长托马·哈利松犯了一个无法补救的错误，他向轮机舱下令：“全速倒船！”运煤船的艏柱从那个大洞中抽出来后，河水便滔滔不绝地涌了进去。这幕悲剧只用了4分钟便结束了。“巴乌艾尔·卡尔斯”号刚一往后退，几乎被运煤船的艏柱砍成两截的“阿丽莎公主”号船体便断成了两截，随后沉入了泰晤士河河底。

你知道吗

什么是明轮船

明轮船是指在船的两侧安装有轮子的一种船，由于轮子的一部分露在水面上边，因此被称为明轮船。一般有两种推进方式，一种是原始的以人力踩踏木轮推进；另一种是现代的以螺旋桨推进。

“巴乌艾尔·卡斯尔”号驶到乘客溺水的地方，抛锚后，马上便把救生艇放下了水，并且船员们还从船舷上把系留缆和绳索的一端抛向水中。但是这只能救起少数乘客，因为退潮时湍急的水流把那些会游泳的落水者向河下游冲去。

这艘运煤船的船员从河水里救起63人，而获救者共有近200人。大多数落水者都是与“阿丽莎公主”号同属一家公司的观光船“杰克公爵”号救起的。它在两船相撞后10分钟，便驶到了出事地点。

当天夜里，寻找遇难者尸体的

泰晤士河风光

工作便开始了，并持续了整整一周的时间。人们从泰晤士河的不同地方共打捞出630具尸体，其中有“阿丽莎公主”号14名船员中的8人。船长格林斯潘的尸体是第五天在伍尔维奇附近的河底找到的。谁也无法说清，还有多少尸体没有找到。那些亲人无法辨认的尸体，都被埋在了伦敦附近的阵亡将士公墓。

不负责任的碰撞之灾

1895年1月29日午后3点，“北方日耳曼的洛伊特”航运公司的“艾利巴”号邮船驶离了不来梅港的客运码头，按日程安排，向纽约驶去。

不来梅港

该邮船上除了紧急货物和邮件外，共有354人：一等舱和二等舱的乘客50名，三等舱（统铺）乘客149名，船员155名，其中包括2位引航员——德国引航员负责引导“艾利巴”号邮船驶经威悉河，英国引航员则负责将邮船引导至南安普敦的船坞，在那里，将有一批到美国去的乘客和邮件上船。

凌晨4点，三副什托利贝尔克前来接班。当时，正在驾驶台上值班的还有大副和2名舰首瞭望兵。

凌晨5点30分，一名舰首瞭望兵在左舷横梁稍微前面一点的地方发现了迎面驶来的一艘轮船的艏灯和绿色的船舷灯。两船相距不到2海里。

迎面驶来的轮船位于“艾利巴”号船头的左侧，根据航行规则，该船应给“艾利巴”号让路。然而，三副马上便测定，该船的方位并没有改变。尽管十分明显：两船的航线是交叉的。

两艘船仍继续向对方靠近，两船之间的距离已缩短了一半，但迎面驶来的那艘轮船仍没有改变航线……

“艾利巴”号的德籍三副明白了，那艘陌生轮船不想让路，“艾利巴”号的三副等待着，并且看得出，他在考虑，在这种对方违反规则的情况下，他该怎么办，尽管两船的间距已缩短至半海里了，但那艘陌生轮船的绿色方位灯仍未改变。

“难道这个无耻的家伙指望我们改变航线，给他让路？”什托利贝尔克一边想，一边回忆着国际航行规则中的有关条款。局势已越来越紧张了，大副下令水手向空中发射白色信号弹。但是，让“艾利巴”号的三副吃惊的是，那艘陌生的轮船仍没有改变航线。

这时“艾利巴”号的右舷方向，几艘渔船亮起了白色信号灯，于是德籍船员们明白了，如果“艾利巴”号改向右方行驶，至少它也将毁坏渔民的渔网。迎面驶来的那一艘陌生船必须稍微拐向右方一点，以便使它能从“艾利巴”号的船尾驶过。但是，直到“艾利巴”号拉响了警笛，这艘陌生的轮船也没有拐向右方黑暗中，那艘陌生的轮船不可阻止地撞向“艾利巴”号。这时“艾利巴”号上的船员已能毫不费力地分辨出，这是一艘普通的运煤船，吨位不超过500吨，船上有一根长长的狭窄的烟囱、两桅帆、一个不大的上层建筑和两个船舱。“艾利巴”号的一副从舱壁上扯下喇叭，急忙跑到驾驶台的左侧，高声喊道：“说实在的，你们到底要干什么？你们那里有人吗？!”

在那艘陌生的运煤船的上层露天驾驶台上，有一个穿皮袄的人急忙离开方向盘，跑到一边。他挥舞着双手，身子探过栏杆，朝下层甲板用英语喊着什么。另外一人从某处急忙跑到运煤船的甲板上，并喊道(也用英语)：“右转舵！”于是“艾利巴”号的船员看见了那个穿皮袄的舵手急速地转动舵轮。

“艾利巴”号的一副扑向机舱传令钟，先将机舱传令钟的把手拉向“停止”，而后又拉向“全速倒车”。

撑船的舵手

那艘陌生的轮船已开始拐向右方，但因航行速度太快，它的艏柱仍几乎成直角撞到了“艾利巴”号的左舷，撞在轮机舱稍后一点的地方。运煤船直直的艏柱钻入“艾利巴”号船体达3米深，并且两船相撞时，由于“艾利巴”号邮船速度也很快，所以“艾利巴”号的船头在惯性的作用下又猛地向左一冲。当运煤船从撞出的大洞中抽出船头时，它又毁坏了“艾利巴”号的船壳板，随后它的右舷又撞到了被寒风吹得摇摇晃晃的、从旁边疾驶而过的“艾利巴”号的船舷，这之后，它才停了下来。

“艾利巴”号因惯性又向前疾驶了几百米后也停了下来。它的船舷上露出了一个高5米、宽7米的大洞。这个大洞比吃水线低2.5米。运煤船的艏柱撞毁了轮机舱和尾舱之间的横向舱壁。这两个船舱很快便灌满了水。“艾利巴”号很快向左舷倾斜了。

你知道吗

什么是海洋吃水线

海洋吃水线表示轮船没入水中的深度，在船旁用油漆画上很多水平横线，用以表示不同载重时的吃水深度。最高吃水线表示最大的安全载重量。

“艾利巴”号的船长古利特·艾塞利是在自己的舱室里被两船相撞发出的撞击声惊醒的。衣衫不整的他急忙跑出舱室，跑到驾驶台上，亲自指挥邮船。他命令三副去查看邮船毁坏的情况如何。他还命令大副马上去叫醒乘客，发出呼救信号并做好放救生艇下水的准备。

现代船舶驾驶台

5分钟后，所有的轮机手、锅炉工和机械师都被迫离开自己的岗位。海水淹没了发电机，供电网发生了短路，“艾利巴”号陷入了一片黑暗之中。

在这之后，船长艾塞利发布了他一生中最后一个命令：“放救生艇下水！”

放救生艇下水也几乎是不可能的了：因为滑车都结了冰，只能用斧子砍断绳子。“艾利巴”号上的几十艘救生艇中只有三艘被放下了水。第一艘放下水的救生艇被汹涌的海浪抛起，甩到了“艾利巴”号的船舷上撞碎了，救生艇上的所有人都落入冰凉的海水中淹死了。第二艘救生艇刚被放到海面上，便底朝上翻了船。该救生艇上的乘客也都淹死了。

撞船发生后的最初15分钟，“艾利巴”号上的秩序还相对正常，但当乘客们看到，船员们来不及放下救生艇时，他们便惊慌失措起来。这幕悲剧只持续了25分钟便结束了。第三艘放下水的救生艇，刚刚划到100米开外的地方，“艾利巴”号便倒向了左舷，然后船尾便朝下沉入了海底。坐在这艘救生艇上的幸存者们清楚地看到，手拿火把的船长就站在没入海水中的驾驶台上，船长和自己的轮船一起殉职了……

救生艇

那艘撞沉了“艾利巴”号、几乎使该船上所有乘客丧生的运煤船，早已消失在夜幕中。

那艘救生艇上共有19名幸存者，他们是：1名来自不来梅的女乘客安娜·贝克尔，她是在“艾利巴”号沉入海底后被人们从海水中拉上救生艇的，3名男乘客，轮机长纽塞尔，三副什托利贝尔克，英国引航员格林汉和12名德籍水兵。

“爱尔兰皇后”号的厄运

“爱尔兰皇后”号是加拿大太平洋轮船股份有限公司的一艘大型客轮。这艘客轮主要运行于英国利物浦和加拿大之间的航线上。

1914年5月28日，修饰一新的“爱尔兰皇后”号徐徐离开加拿大魁北克，沿圣劳伦斯河而下驶往利物浦。入夜以后，船上灯火通明。舞厅、餐厅及酒吧间里挤满了旅客。

技术娴熟且待人宽厚的H.G.肯德尔船长和引水员一起站在驾驶台里，密切注视着前方。“爱尔兰皇后”号现在已过了沿海的小城里穆斯基，离入海口不远了。肯德尔船长几年来，在这儿出出进进几百次，对这里的情况非常熟悉。这里虽是宽达几十公里的水域，但浅滩密布，水流湍急，来往船舶又较多，是个不可掉以轻心的地方。好在引水员还在船上，他也放心了不少。

29日凌晨2点，引水员离开了“爱尔兰皇后”号，乘着小艇回去了。不久，圣劳伦斯河上泛起一层薄薄的雾。驾驶台里黑沉沉的，只有罗盘里的灯光在隐隐闪烁。肯德尔船长那高大的身躯站立在舵手身旁，两只浅灰色的眼睛凝视着前方，目光冷酷沉静，鹰钩鼻下一张线条明快的嘴微微翕动着。“注意，船长，前方8海里处发现有灯光，像是一条船开过来了。”瞭望水手报告说。肯德尔船长拿起望远镜，仔细地观察着来船的方位及航向。对方显然是沿着一条安全水道溯水而上，两船绿灯对绿灯。船长稍稍松了口气。他一面嘱咐瞭望水手加强警戒，一面下了减速前进的命令。“爱尔兰皇后”号沿着原来的航道缓缓地前进。

这时，雾越来越浓了，站在驾驶台上连前甲板的起货吊杆也看不清了，对方来船的灯光也隐没在这浓浓的雾海中。按说这时两船的位置已相当接近了，可怎么也辨不出对方的踪影。肯德尔船长命令增加鸣笛的次数，再派水手加强瞭望。但就在这时，一个巨大的黑色物体像幽灵似的向“爱尔兰皇后”号的右舷凶猛地扑了过来。

“左满舵！”肯德尔船长大叫一声，随即又补了一句：“全速后退！”但是，一切都为时已晚了，一艘运煤船已向“爱尔兰皇后”号

站在船舷旁的乘客

的拦腰处缓慢地、却又是恶狠狠地撞了上去。

佛格森像根弹簧似的从床上跳了下来，穿着睡衣向电报房跑去。他一进电报房，就从舷窗里看到另一艘紧靠着“爱尔兰皇后”号的大船上的灯光在向船尾方向缓缓移动。佛格森意识到可能撞船了，他马上命令正在值班的班福德去驾驶台问明情况。

班福德走后，佛格森再从舷窗朝外仔细一看，不禁大吃一惊：一艘运煤船的船头深深嵌进了“爱尔兰皇后”号右舷的腹部，而现在，它正可怕的从切口处慢慢地退了出去。这是一艘挪威船，船首侧面白色的船名，正对着电报房的舷窗，醒目地映入佛格森的眼帘：“斯多斯达德”号。

水正以惊人的速度从那巨大的窟窿中疯狂地涌进船内。“爱尔兰皇后”号剧烈地左右摇晃了几次，开始向右倾斜了。

佛格森决定不等班福德从船长那儿带来消息和命令了，他果断地开始与离他们不远的法瑟角联系。那儿一位低级报务员拉塞尔正在值班。佛格森请他把高级报务员W.J.怀特赛德找来，当怀特赛德来到收发报机旁时，佛格森向他报告了“爱尔兰皇后”号的处境，并请他随时准备接收遇难信号。

加拿大的里穆斯基城市

你知道吗

什么是航海国际信号

航海国际信号是指各国船舶间为了沟通联络，按照国际协议统一使用的信号。国际信号规则是各国船舶通讯联络必须遵守的基本文件。其内容包括各种通信方式程序、遇难求救信号、国际信号简谱等。

不一会儿，班福德和大副急匆匆赶来，他们带来了船长的命令：马上发呼救信号，并加上一句：“我们正在下沉。”佛格森立即向法瑟角及附近各船发出“SOS”遇难信号。可是，他只收到法瑟角怀特塞德的回答，并询问“爱尔兰皇后”号的准确位置。佛格森告诉他，船现在里穆斯基下游大约20海里处。对方要他再重复一遍，就在佛格森准备再报船位时，突然停电了，船上一片漆黑，乱成一团，恐怖笼罩着“爱尔兰皇后”号，一场厄运的到来已是迫在眉睫了。

“爱尔兰皇后”号被撞仅仅8分钟后，河水已经淹没了整个机舱，锅炉和发电机都停止了工作。但是，在电报房里还有一台磁性探测接收机，它可以不用船上的电来工作。佛格森马上想起了它，便摸黑干了起来。他终于收到了法瑟角的回话，说引水船“尤蕾卡”号和“伊夫林女士”号已分别从法瑟角和里穆斯基出发来营救他们了，预计1小时后可以到达此地。佛格森一面告诉班福德立即将收发报机接上应急备用蓄电池，一面已冲出门外，向船长报告刚才的消息去了。

收发报机的应急电源已经接通，可以正常工作了。佛格森又派班福德去报告船长，自己坐到了收发报机前，准备继续和法瑟角联系。他的手指搭上了键钮。就在这时，船又突然猛烈地向右侧一斜，沉重的蓄电池“砰”的一声摔到地板上，发报机又不能工作了。佛格森沮丧地望着这破烂不堪的电报房，难过地擦了擦泪水，随后向驾驶台爬去。

佛格森艰难地沿着梯子和甲板向前爬去，他还抓住一把椅子，以备摔到河里也有一根救命稻草。十几秒钟后，“爱尔兰皇后”号终于像人在临死前做最后一次挣扎似的，剧烈地抖动了几下，然后向右猛地一斜，便沉入河中。佛格森像一块石头一样被狠狠地抛入河水中。

佛格森最后被救起来了，他遇上了一条救生艇，后又被送到那艘撞上“爱尔兰皇后”号的挪威运煤船“斯多斯达德”号上。肯德尔船长也被救了出来，这可怜的老头在“爱尔兰皇后”号沉没前几秒钟还不愿离开，最

岸边搁浅的船

后硬是被别人拖了出来。

两条船相撞以后，“斯多斯达德”号船长命令将船开到岸边搁浅，后来他发现船没有受到致命的损伤，于是又将船开回出事地点，把能找到的幸存者都救上了运煤船。这样一去一回耽误了不少时间。而“伊夫林女士”号和“尤蕾卡”号赶到时，“爱尔兰皇后”号早已静静地躺在圣劳伦斯河27米深的水底下了。被救起来的共有465人，他们只是全船1477名旅客和船员中极可怜的一小部分，而其余的1012人，或淹死在他们的床铺上，或淹死在机舱和过道里；许多在最后一瞬间还在那几乎垂直了的甲板上竭力挣扎，似乎在寻求一条生路的人，随“爱尔兰皇后”号一起沉入了河底；即使跳入水中的人也有不少被寒冷夺去了生命。

船舶上的瞭望哨

“拉·布尔格尼”号惨剧

1898年7月2日晨，“拉·布尔格尼”号从纽约起航，驶往法国的哈佛尔港，船上共有728人。7月3日晚，轮船在驶往塞布尔岛时遇上了大雾。7月4日，轮船在浓雾中合速航行了整整一夜。使人不解的是，“拉·布尔格尼”号怎么会偏离规定航线160海里，跑到了从欧洲驶往美洲的航线上？为什么它竟在大雾中以17节的高速航行在海运频繁的海区里？

你知道吗

世界主要的海运航线（含港口）

1. 北大西洋航线：西欧—北大西洋—北美洲东岸、南岸。2. 亚欧航线：也叫苏伊士运河航线，东亚、东南亚—马六甲海峡—印度洋—曼德海峡（亚丁）—红海—苏伊士运河—地中海—直布罗陀海峡—英吉利海峡—西欧各国。3. 好望角航线：西亚、东亚、东南亚、南亚—印度洋—东非—莫桑比克海峡—好望角—大西洋—西非—西欧，载重量在25万吨以上的巨轮无法通过苏伊士运河，需绕过非洲南端的好望角。

4. 北太平洋航线：亚洲东部、东南部—太平洋—北美西海岸。5. 巴拿马运河航线：北美洲东海岸—巴拿马运河—北美洲西海岸各港口。6. 南太平洋航线：亚太地区国家—太平洋—南美西海岸往来的通道。7. 南大西洋航线：西欧—大西洋—南美东海岸的海上通道。8. 北冰洋航线：东亚—太平洋—白令海峡—北冰洋—北欧—大西洋—西欧。

“拉·布尔格尼”号的船长捷朗克在法蓬航运界里是个受人尊敬的人物。他有40多年丰富的海上航行经验，得到过荣誉勋章，有惊人的毅力和坚强的意志。可不知为什么，这次他却这样疏忽。

7月4日拂晓，牛奶似的浓雾笼罩着塞布尔岛周围的海域，30米以外就什么也看不见了。每隔两分钟，“拉·布尔格尼”号的汽笛就在浓雾弥漫的大西洋上空回荡一次。5时左右，瞭望哨听到了别船发出的雾笛声，便立即向值班领航员杰林日报告。但接着迅速发生的一切却使任何人都无法采取有效的措施。

悲剧终于发生了！两船不幸相撞，“克洛曼基希尔”号的第二斜桅仿佛是一支巨大的标枪，击毁了“拉·布尔格尼”号的舰桥，插进一艘小艇之中。其余的斜桅也把另外两艘小艇击成碎片。“克洛曼基希尔”号重达4吨的铁锚划破了“拉·布尔格尼”号的外壳，掀掉了吃水线附近的铁皮，击破了下甲板处20余扇水密玻璃洞。锚链崩断后，铁锚就留在吃水线下破裂的船体中了。“克洛曼基希尔”号尖尖的艏柱还击穿了对方的水下船舷，深入船体达5米，窟窿的面积足有1平方米那么大。“拉·布尔格尼”号的航海长、舰桥侧翼的瞭望哨和舵手当场就被撞死了，海水呼啸着从裂开处涌进舱内，一个司炉工立

林立的船桅

即奔到上甲板向船长报告，可当他回到满是海水的机舱时，蒸汽管道已经破裂，不断喷出的蒸汽烫伤了其余的司炉工。

接着又发生了第二次猛烈撞击。猛烈的撞击使得“克洛曼基希尔”号甲板上的第二节前桅及第二、三节中桅、横桁，索具随着桅杆一起倒下，海水透过隙缝灌满了首舱。两艘船都无法继续航行。

你知道吗

什么是索具

索具包括各桅杆、桅桁（桅横杆）、帆桁（帆脚杆）、斜桁和所有索、链以及用来操作这些的用具的总称，它主要有金属索具和合成纤维索具两大类。金属索具主要有：钢丝绳吊索类、链条吊索类、卸扣类、吊钩类、吊（夹）钳类、磁性吊具类等。合成纤维索具主要有：以锦纶、丙纶、涤纶、高强高模聚乙烯纤维为材料生产的绳类和带类索具。

“拉·布尔格尼”号上的机器全部停止了转动，捷朗克船长命令所有的军官都到已经砸坏的舰桥上集合。

海员们从舱里拿出救生衣，分发给乘客。人们蜂拥而上，为了抢到一件救生衣，乘客们打得你死我活。他们根本不听海员们讲解怎样穿救生衣，而是拿过来就胡乱地穿上。不少人把救生胸甲束在腰部，因而跳到水中后失去了平衡，双脚朝天在海上漂流。

当轮船即将最后沉入海底时，捷朗克船长、助理领航员裘本及舵手杰瓦尔都登上了支离破碎的舰桥。海水在他们脚下翻滚着。捷朗克最后一次拉响了汽笛，尖利刺耳的汽笛声在海难船只上空吼叫着，犹如奏起别具一格的安魂曲。接着船体剧烈地晃动了一下，传来了很响的折裂声，船向右舷歪去，滚滚海浪很快吞没了“拉·布尔格尼”号，在浓雾重重的海面上传来了人们痛苦异常的惊叫声。

6时左右，浓雾渐散，“克洛曼基希尔”号救起了两艘救生艇。抢救工作在紧张地进行着，甲板上受伤的人越来越多。为了接待这些遇难者，亨吉松船长把30吨货物抛入大海。下午1时，从英国驶往纽约的“格莱舍安”号靠近了无法航行的“克洛曼基希尔”号，把它拖走了。

海难发生以后，全世界引起了轰动。几乎所有的报刊都在喋喋不休地描述和评论这幕催人泪下的海上悲剧。

“皇后”号命殒大海

英国当时最豪华的“皇后”号客轮的船长肯达尔健步登上船桥，迎面吹来的清凉的海风使他不禁哆嗦了一下。这是1914年5月29日凌晨1点15分。

“皇后”号长167米，宽20米，排水量2万吨，蒸汽机功率为1.85万马力，有5层甲板，可容纳2000人，常速高达20节。船上有舒适的卧舱，宽敞的客厅，还有供娱乐用的板球场、沙坑等。

“皇后”号以18节的速度在圣劳伦斯湾里航行，甲板上可以听到蒸汽机的轰鸣声及海浪的拍击声。船长看到一切正常就回到舱里休息去了。

凌晨2点左右，从魁北克方向飘来了阵阵淡雾，能见度逐渐变差，船速不得不减至15节。当轮船驶近距法吉尔角7海里的诺克·波因特角时，能见度更差了，就连浅滩区的灯标都难以分辨。总领航员爱德华急忙派人去找船长。

肯达尔一走进领航舱，从前桅就传来了阵阵钟声，船首瞭望员约翰·凯洛尔高声喊叫起来：“船艏右侧罗经1.5°处发现轮船桅杆灯！”船长拿起夜间望远镜，看到两船间的距离为6海里，便命令轮船航向向左侧偏26°。他以为，这样迎面驶来的轮船就会在他左侧罗经

威风的豪华客轮

舒适的船舱

3° ~ 4° 处驶过。

船越驶越近，雾也越来越浓了。当两船相距不到2海里时，原来还勉强可辨的海面已变成了白茫茫一片。为了避免发生意外，肯达尔下令全速后退，并拉响了汽笛，三声短促的汽笛在海面上空回荡。几秒钟后，从雾海中也传来了一阵长长的汽笛声，那是对面那艘货轮发出的回应。

你知道吗

海上汽笛的含义

一声短，请从东船左舷会船；二声短，请从东船右舷会船；三声短，本船正式倒车或有倒退的倾向；四声短，不同意对方要求，请对方采取避让行动；六声短，轮船遭险呼救；一声长，本船离开码头或泊位；二声长，要求通过船闸或靠泊；三声长，有人落水，需要抢救；一长一短声，本船正在向右转弯或掉头；一长两短声，本船正在向左转弯或掉头；一长一短又一长声，本船希望与来船联系；两长声一短声，追越船要从前船右舷通过；两长声两短声，追越船要从前船左舷通过；一长一短又一长一短声，同意对方要求；一长两短一长声，要求来船等候本船通过；三短一长声，本船需要援助。

这时肯达尔船长已命令停止后退，并拉响了长长的一声汽笛，以此告诉对方他的船已转向右舵。两分钟后，肯达尔吃惊地发现，一艘有红色及绿色灯火的巨轮从浓雾中向他扑来，两船之间的距离不到100米，他急忙把船舵转向左舷，并命令提高船速。但是已经来不及了。只听轰隆一声巨响，挪威货船的艏柱以35°倾向插入“皇后”号的右舷，只见撞击处迸发出一道道耀眼的火花，接着又传来一声声刺耳的金属摩擦声，站立在船舷旁的几名水手顷刻之间便被活活挤死，鲜血立即染红了甲板。这一击，使“皇后”号的煤舱及二等舱遭到了严重的破坏。

两艘巨轮相撞后，肯达尔船长立即奔上船桥。他抓起话筒，朝“斯多尔恩塔德”号高声喊叫：“不要后退，继续向前行驶！”他知道，这致命的一击在“皇后”号上已留下了巨大的创伤，挪威船一旦把船艏从中抽出，海水就会汹涌而来，一下子把“皇后”号灌满。但是，安德松船长的回答却是令人失望的：“我船正在后退！我已毫无办法！”

挪威船的船头从窟窿中慢慢拔了出来。随着尖锐刺耳的轧轧声，两艘船终于分离了。“皇后”号失去了控制。在急流的冲击下漂离出事位置半海里。船上窟窿的面积为32平方米，每秒钟有30立方米的海水进入舱内，成千吨的海水在“皇后”号内咆哮、回旋着，船体开始倾斜。

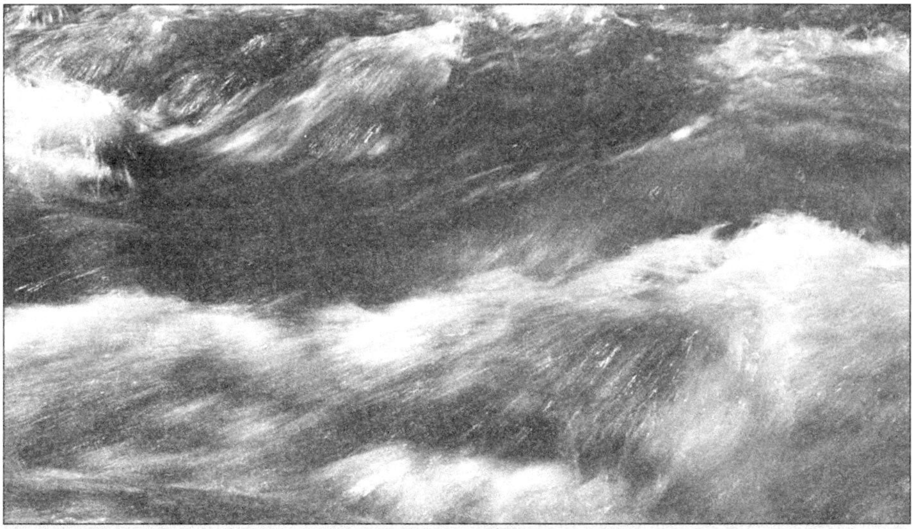

汹涌的急流

船上的情况十分糟糕。上船仅一天的旅客对船上的情况根本不熟悉，在混乱中无法找到通往上甲板的走廊。不少人还没有醒来就死去了。有些人因动作迟钝成了牺牲品，他们花了许多时间穿衣、整理箱子，往往还没有跨出卧舱的门，死神就冲了进来。有些人在黑暗中被活活踩死。

“皇后”号上共有36艘小艇，可以乘坐1860人，上甲板还有10余只救生筏，而遇难后放下的只是6只救生艇，其他的都因船体极度倾斜而无法放下来。

“皇后”号在水中倾斜得愈来愈厉害，当轮船上的烟囱没入水中时，锅炉突然爆炸了。数十名司炉工立即被高温蒸汽烫死，许多碎块被抛入空中，一块巨大的铁板落下时，恰巧击中了一艘载有50名逃生者的小艇，许多人就在这次爆炸中丧生。

狼级护卫舰

爆炸的气浪把肯达尔船长也抛到海里。他抓住了一块在水面上漂浮的木头，凝视着正在下沉的轮船，不禁潸然泪下。

这场灾难造成了十分惨重的损失。据统计，船上1477人中，只有465人获救，而其他1012人全部死亡。

以强欺弱：核潜艇撞沉小货船

1981年4月9日上午10点半左右，在日本鹿儿岛县下甑岛附近海面航行的日本货船“日昇丸”与美国战略核潜艇“乔治·华盛顿”号碰撞，“日昇丸”顷刻沉没，而美国核潜艇却溜之大吉。

你知道吗

什么是战略核潜艇

战略核潜艇又被称为弹道导弹核潜艇，是因为潜艇所携带的弹道导弹射程远达到1万公里，弹道导弹弹头具有分弹头，而且是核弹头，对别国有威慑力量。战略核潜艇是三维核打击的重要一环。三维核打击——空军的核导弹，陆军的核弹道导弹和海军的洲际弹道导弹。

“日昇丸”是一艘货轮，建于1965年，排水量为2350吨。

1981年4月7日晨7点，船长野口泰三率船员14人，驾“日昇丸”从神户港开出；9日凌晨2点45分，经过鹿儿岛县的佐多半岛后向西北方向航行。当日上午10点，“日昇丸”航行在下甑岛钓梓崎灯塔西南方37海里处，航速11节。海面上有雷阵雨，东南风较大，风速每秒8米左右，激起1米多高的海浪。由于下雨，海面上的视距为1~2海里，三副竹岛司一人在驾驶室值班，细心观察着前方海面。10点32分，船体突然遭到强烈冲撞，瞬间，船体向上抬起，紧接着全船停电。野口船长发觉出了事故，急速向驾驶台奔去。他向后瞭望，看到一个黑乎乎的东西冒出水面。经仔细辨认，那是潜艇的指挥台和上部艇体。大副松野下纯夫也看到了，惊叫：“与潜艇碰撞了！”随后叫三副升起NC旗（表示我船遇难）。

你知道吗

国际信号旗

国际信号旗一套共40面，其中26面字母旗，10面数字旗，3面代字旗与1面回答旗。帆船

美国核潜艇

竞赛信号旗，系由这些信号旗单用或配合其他特殊规定旗号的组合使用。

碰撞时，在机舱值班的是轮机长千叶吴南和轮机员今村春生。由于断电，机舱内一片漆黑。他们开亮了手电筒进行检查，发现2号发电机旁的左舷船底有一个1米长、15厘米宽的大破口，海水翻着白色泡沫滚滚涌进机舱，已无法采取堵漏措施了。船长得知机舱严重破损，立刻发出弃船命令。

船员们迅速去放下左右舷的两只橡皮救生筏。碰撞后10分钟，“日昇丸”的尾部甲板已进水，以二副为首的7人登上右舷的救生筏，船长等8人去登另一只救生筏。但是左舷上救生筏的钢丝绳一时解脱不开，有跟“日昇丸”一起沉入大海的危险。于是他们跳海逃生，其中6人脱险，船长和大副失踪。直到21日晚，人们才于屋久岛海面发现他们两人的遗体。

“乔治·华盛顿”号是美国海军的第一代导弹核潜艇，于20世纪50年代末期建成，水下排水量为6888吨，水下航速25节。开始时配备16枚北极星AI型导弹，射程为2200千米。后来，以更先进的北极星AIII型导弹替换，射程为4600千米。

它是美国核潜艇战略部队的一员，驻在日本的佐世保港，经常在西太平洋活动。在这次碰撞事故之前，它在琉球群岛北端的奄美大岛一带活动，在回佐世保基地的途中与P-36反潜巡逻机一起进行演习。甑列岛附近的水深在500米以上，潜艇在那里可以很好地隐蔽；另外，这里又是进出日本海的苏联舰船的必经之路，因此这一带是理想的活动海区。核潜艇在这里的频繁活动，具有特殊的战略意义，但对商船的

船旗飘飘

航行安全带来严重威胁。

4月9日上午，当“日昇丸”西行时，“乔治·华盛顿”号正向东作浅水航行，不时上浮升出潜望镜对空、对海观察，一旦发现P–3C反潜机，它又下潜隐蔽。当时，虽然海面下着雨，视野较近，但它有先进的声呐，应能发现在水面航行的“日昇丸”，却令人奇怪地发生了不幸事件！

上午10点26分，“乔治·华盛顿”号上浮到潜望镜深度，艇上声呐工作正常，没有发现水面舰船与它接近；当它升起潜望镜窥视时，只见海面上波涛起伏，视野不清，潜望镜作两次360°旋转，没有发现水面上的“日昇丸”这个目标，那时正是P–3C反潜巡逻机向它接近的时刻，潜艇发现海面上空的P–3C飞机，立即收下潜望镜隐蔽，接着声呐员发现“日昇丸”这个目标，迅速报告艇长，但还未来得及采取避让措施，事故就发生了。10点32分发生水下碰撞，地点是北纬31°23′、东经129°05′。据推测，当时“乔治·华盛顿”号的水下航速约12节，碰撞前6分钟，即10点26分时，与“日昇丸”相距3000米，由于两船对向航行，于是不幸就在6分钟之后发生。

这一次严重的碰撞事故，使“日昇丸”葬身海底，而排水量比它大得多的“乔治·华盛顿”号却仍然正常航行。潜艇逃走，一直到8海里之外才上浮检查伤势，只发现指挥台外壳受到轻伤。

“乔治·华盛顿”号的逃走，美国方面解释为出于战略核潜艇隐蔽性的需要。这在日本国民中引起了愤慨，造成日美关系的一度紧张。后来，美国派太平洋舰队参谋沃里斯·理茨奇上校进行调查，并表示愿意向日方赔偿9亿日元的损失；同时，这次事故中负有责任的潜艇艇长E. 沃罗中校被解职。可是，直到6月10日，美方在事故最终报告中，仍未公布这次事故的详情，使这一事故蒙上了一层神秘的面纱。

护卫舰撞沉潜艇

1959年12月1日中午，某护卫舰大队编队在舟山海域对潜攻击演练已接近尾声。

当日下午2时，418号潜艇正在通过声呐装置，接收潜艇水下航行时发出的噪声来测定潜艇位置以施行攻击的训练。此时，二舱、四舱水密门都没关，指挥舱上方第二道水密门也没关。作为艇长，张明龙知道这是条令上不允许的。但他万万没想到，一场艇毁人亡的巨大

皇家海军护卫舰

灾难正悄悄向他们逼近。

下午1时40分，护卫舰“衡阳”号报告说，它已与418艇失去联系，随后其他几艘舰也都相继报告再也没有发现418号。

常规潜艇

演习已到结束时间，“衡阳”号停车漂泊。

此时，所有水面舰艇均驶离该海区。在未驶出前，不得停止。这一切则是为了使潜艇在水下能监听到舰艇的声音,以确保上浮的安全。

“衡阳”号停车漂泊后，巨大的船体失去动力，静悄悄地顺风漂移。

水下30米处，张明龙在等待可以上浮的信号。他命令声呐兵，严密监收艇外信号。

2时整，没等声呐兵报告，他已清楚地听到水下传来三声爆炸声。他认为这是指挥舰“昆明”号向他发出“演习结束,可以上浮”的信号。

20世纪50年代，水面舰与潜艇的水下联络还没有更先进的方法。三声爆炸声是“昆明”号向水下投下的三枚陆军常用的手榴弹。它在水下爆炸时，声波传得很远，潜艇声呐接收到声波后,便可安心上浮。由于距离很近，其声波很强，所以连艇员们都能听到。

“准备上浮2”，张明龙下达口令。随着警报器一声长鸣，艇员们迅速各就各位。

其实，全艇并未真正准备好。

二舱、四舱水密门尚未关闭。按条令规定，发出警报后，各舱室必须关闭水密门，但他们没有这样做。

听到口令，轮机军士长王发全启动排水系统。机舱内一阵轰鸣。排水系统把15个大气压的高压气迅速注入水柜，海水在强大的高压气下被挤出水柜，这条钢铁巨鲸一声不响地向海面浮去。

深度表显示：30米、20米、15米、8米，潜艇已经上浮到半潜状态。

此时，艇长并没有想到灾难正在落下。

潜望镜刚刚露出水面，一堵黑乎乎的铁墙立即占据了整个视野。副长一声惊呼："速潜！速潜！"

来不及了，未等艇员们反应过来，脚下便是一阵猛烈颤抖，人们一下子被甩到左舷，接着又弹了回来。

水面上，"衡阳"号庞大的身躯只略颤动一下，接着又安安稳稳地飘着，甲板上的人还不知道，此时他们已闯下大祸。它钢刀般的舰首把418艇舰桥一切两开，指挥舱里，只听见震耳的一阵钢铁撕裂声。随即，一股强大的水柱咆哮着倾泻而下，刚刚爬上扶梯的张明龙，扑通一声被重重地摔到甲板上。

黑乎乎的海水野马般地吼叫，以每分钟32吨的流量穿过第二道水密门，直泻指挥舱。接着又翻腾跳跃，越过第二舱、第四舱水密门，直扑过去。顷刻间，舱内一团漆黑。

仅3分钟，三个舱室全部淹没，4分钟后，潜艇便沉坐在40米深的海底。艇长张明龙等7名军官，17名水兵当场牺牲。

在这场共和国海军史上的第一次水下灾难中，轮机军士长王发全是唯一生还者。

"蒙勃拉恩"号爆炸殃四邻

11月25日，焕然一新的"蒙勃拉恩"号在船长列·曼德克的指挥下从法国驶到美国纽约，停靠在戒备森严的东利维尔码头。美国军事当局立即派出了一批木匠，到船为4个货舱镶上了厚厚的木板。

第二天，码头上岗哨密布，几十辆满载炸药的卡车从船舷边长龙似的摆到港区门外。此时，船上锅炉熄灭，船员、装卸工的火柴、烟斗、雪茄全部上交，连装卸工的皮鞋上都包上了厚厚的一层布。当装载结束时，船长曼德克收到一份货单，上写："三硝基酚2300吨，三硝基甲苯200吨，苯35吨。终点港口：法国波尔多。"起航时，船长又收到法国海军部发来的加急电报："在任何情况下都得绝对服从战斗的特殊需要……立即驶往加拿大哈里法克斯港等候护航队，并准备接受新的指令。"

法国波尔多

12 月 5 日晚，“蒙勃拉恩”号驶抵哈里法克斯港口锚泊，在港区护航炮艇的护卫下度过了宁静的一夜。

翌日 7 时，兼任中转指令任务的护航炮艇发来信号：“请‘蒙勃拉恩’号主桅上升起编号旗，立即驶往别德尔德港，接受新的指令！”

麦克纳勒岛与普列扎恩特角之间的水道是前往别德尔德港的必经之路。此时，主航道已布上了水雷，只留下东边一条狭窄航路。当“蒙勃拉恩”号以微速 (4 节) 驶至防御浮栅附近时，刚上船的加拿大领航员突然发现右前方挪威货轮“依莫”号正从海湾拐弯处驶来，两船成横交状态，相距已不到 1 海里了。

你知道吗

什么是水雷

水雷是一种布设在水中的爆炸性武器，它可由舰船的机械碰撞或由其他非接触式因素（如磁性、噪音、水压等）的作用而起爆，用于毁伤敌方舰船或阻碍其活动。水雷具有价格低廉、威力巨大、布放简便、发现和扫除困难、作用灵活的特点。

曼德克船长拉响了汽笛，向“依莫”号发出避让信号，同时，领航员令舵手操右舵避让，并将船速降至3节。但是，“依莫”号违反国际避碰规则，发出短促的两短声汽笛，表示“我船在向左转向！”转瞬间，“依莫”号已逼近“蒙勃拉恩”号，此时的“蒙勃拉恩”号离达尔特姆特海岸只有40米距离了。

曼德克心里明白，当前避免碰撞的唯一办法是向左转向，使对方从自己的右方通过。在两船仅有50米距离时，“蒙勃拉恩”号鸣着两短声汽笛开始向左转向，慢慢驶离海岸与“依莫”号相距15米，几乎可擦舷而过。紧张的船员轻松地嘘了口气，以为一场危险已经过去，但就在这时，“依莫”号突然发出三短声汽笛，表示它正开倒车。曼德克大为惊奇、恼火！为避让对方，也只得下令开倒车。但一切努力已经来不及了——倒车后的两船不仅没有后退，反而在原来的惯性作用下，船体继续前移，而倒车又使船首向右偏转。8时32分，只听到“咣当”一声巨响，“依莫”号船首猛然撞入“蒙勃拉恩”号右舷1号货舱达3米之深。更糟糕的是，“依莫”号不顾后果，盲目倒车抽船，剧烈的摩擦发出了格格声响，并引起火星四溅，火星引燃了甲板上横溢的苯，顷刻间，火焰迅速蔓延并扩散到整个船头，舔噬着甲板上的一切。面对熊熊烈火，手提灭火机灭火已无济于事，而放置在船头的车推式

波尔多酒庄

光滑结实的甲板

灭火机已被烈火吞没——灭火救船已无指望。

甲板上早已乱作一团，曼德克船长命令船员放救生艇逃生。而领航员却说：“加速航行，让海水从破损船舱涌进灭火！”船长没有理睬领航员的意见，再次下达了逃生的命令。其实，两艘小艇早已停在船舷旁，当领航员和船长登上救生小艇，恐惧的水手们就发疯似的划着桨，向达尔特姆特海岸驶去，而无人驾驶的“蒙勃拉恩”号则拖着冲天黑烟，漂向港内契蒙德码头……

停泊在附近的“汉弗兰”号巡洋舰指挥官当即命令一艘高速炮艇驶向受难船，企图将它拖出港外，以保障港区安全。

当高速炮艇刚接近燃烧的货船，水兵抛过去的缆绳尚未系好，满载炸药的“蒙勃拉恩”号就爆炸了，震天动地的爆炸声震撼着港口，震撼着城区，这时港口大楼的时钟指在9时6分上。

猛烈的、史无前例的大爆炸使“蒙勃拉恩”号顿时在海面消失。无数的碎片，被抛向天际，散落到几十千米之远，迅猛的气浪把货舱横梁中一块重100千克的铁块飞抛到了12海里外的森林中；重达半吨的锚冠坠落到2海里外的岸滩；8吨重的4英寸火炮被炸成两截，飞落到1海里外的湖泊中。达尔特姆特、里契蒙德等沿岸一带的土石建筑被夷为平地，离爆点500米以内的桥梁、水塔、工厂烟囱全部倒塌，一些孤儿院里的近百名儿童和三所学校中的500名学生仅幸存11人，停泊在港湾内的几十艘商船、军舰亦成为这次灾难的殉葬品，400多米外的“古拉卡”号万吨级轮船竟被推离原位近1000米。巨大的爆炸力还把“汉弗莱”号巡洋舰的装甲舰体撕裂，使肇祸的“依莫”号不见了踪影。

空前绝后的大爆炸造成了十分惨重的伤亡。据美国、加拿大报刊公布：城市居民中有1963人死亡，2000余人失踪，9000余人受重伤，轻伤不计其数，其中500人被玻璃碎片击瞎眼睛，另有2.5万人因房屋倒塌、烧毁而无家可归。至于船舶上死伤的船员、水兵，可能在2000人以上……

厚重的航母甲板

惨烈、沉痛的灾难给哈里法克城造成了无法挽回的损失。

军事专家们认为，在原子弹出现之前，由“蒙勃拉恩”号船上炸药引爆的这次大爆炸，是人类历史上已知爆炸中最猛烈、损失最惨重的一次大爆炸。

你知道吗

什么是原子弹

原子弹是核武器之一，是利用核反应的光热辐射、冲击波和感生放射性造成杀伤和破坏作用，以及造成大面积放射性污染，阻止对方军事行动以达到战略目的的大杀伤力武器。主要包括裂变武器（第一代核武，通常称为原子弹）和聚变武器（亦称为氢弹，分为两级及三级式）。亦有些还在武器内部放入具有感生放射的轻元素，以增大辐射强度，扩大污染，或加强中子放射以杀伤人员（如中子弹）。

第六章
战争——最悲惨的海难

他们在欢声笑语中和亲友挥手告别；他们在激动幸福中向愿望招手呼唤；他们的队伍中，有文雅智慧的社会名流，有淳朴天真的平民孩童。然而，上天并没有心疼这些可爱的人，当汽笛响起，他们怎么也没想到，伴随着美好的憧憬，开启的却是一条走向死亡的路。战争——让磨难泛滥滋生！

“卢西塔尼亚”号惨案

1915年，第一次世界大战爆发后的第二年，5月1日上午，美国纽约港内，“卢西塔尼亚”号在乘客和亲人的挥手告别中起航。

在欢声笑语的游客中间，有不少当时的知名人士。如小说家贾斯特斯·福尔曼，到比利时去帮助政府工作的小林登·贝茨，系谱学家洛思罗普·威辛顿，到英国去研究心理学的西奥戴特·波普小姐，歌唱家和舞蹈家戴夫·塞缪尔斯，独角戏演员赫伯鲁，还有盼望着去苏格兰接未婚妻的亚历山大·坎贝尔等。著明戏剧作家查尔斯·弗罗曼也在其中。尽管战争的阴影笼罩着大西洋，但人们还是冒险踏上了旅程。

曾经的战争场地——大西洋

“卢西塔尼亚”号是一艘装备着涡轮发动机和4只螺旋桨的豪华客轮，漂亮的流线型船体上高耸着4个大烟囱。它可以载客3000名，堪称“海上女王”。1907年，它开始海上航行。1908年，它创造了24小时平均航速超过26节的纪录。此次横渡大西洋的航行，船上除载有1969名船员和旅客以外，还装载着价值73.6万美元的战争物资：黄铜板、铜棒、牛肉、毛皮、弹壳、导火线、军需品和弹药。

12点20分，轮船在老船长威廉·托马斯·特纳的指挥下，汽笛长鸣，缓缓离开了码头。船长是个矮个子，饱经风霜，满面红光，精神抖擞，长着一双敏锐的蓝眼睛。

从起锚的时候起，战争的阴谋就伴随着这次航行。不祥的流言到处流传，说是有间谍和破坏者在活动，在制造阴谋。

5月6日早晨，火红的太阳徐徐从地平线上升起。提心吊胆的旅客又开始了新的一天的旅行。

这一天依旧风平浪静。正当“卢西塔尼亚”号小心翼翼地在这多事的海面上航行时，瓦尔塞·施维格指挥的U-20德国潜艇正在圣乔治海峡的航道上巡逻。在爱尔兰海域周围的商船航线上，3艘船已成了它的刀下鬼。

漫长的一夜总算平安地过去了。天空逐渐放亮。从爱尔兰岛绿色山丛里吹来的陆地气息唤醒了沉睡中的船上游客。7日早上8点，轮船把速度减慢到18节，随后又降低到15节，以便穿过雾区。上午11点，大雾消失，晴空万里，海面上微波涟漪，真是少有的好天气。机舱里的传令钟不时发出叮叮当当的响声，“卢西塔尼亚”号又加快了速度，爱尔兰岛隐隐约约地开始出现在旅客的眼前。旅程即将结束，旅客又恢复了往日的兴奋，脸上逐渐绽开了微笑。

然而，悲剧就在这时候发生了。

下午2点08分，美术家奥利弗·巴纳德看见海面上泛起一条白色的泡沫，流星赶月似的朝右舷方向飞奔而来。他觉得这景色颇为壮丽，不禁失神地观赏起来。当一位

褪去战争的德国

妇女漫不经心地问他这是不是鱼雷时，他简直如五雷轰顶，不知所措。前甲板担任瞭望员的年轻水手莱斯利·莫顿赶紧通过麦克风向驾驶台报告：“右舷发现鱼雷。”话音刚落，便听到轰然一声爆炸声，“卢西塔尼亚”号被击中。

锅炉房里，好几个人被当场炸死，作最后一次航行的可怜的欧文·康纳利也在其中。鱼雷命中处，煤渣在海水中翻腾，船体内喷出一股股黑烟。一只救生艇被炸成碎片，四处飞溅。海水向甲板上倾泻下来，人们慌忙东奔西逃。海水决堤似的涌进锅炉房，没有被炸死的人全被淹死。船身剧烈地向右舷倾斜，船

首开始下沉。

紧接着，餐厅附近又传来一声爆炸声。餐具、食物和水果被震得从餐桌上和服务员手中掉下来。没过多久，发电机就被海水浸没，电灯全部熄灭。在阳光照不到的船舱里，顿时一片黑暗。

轮船两处被炸，船上顿时一片慌乱。舱口和通道上，挤满了东逃西窜的人。

船长的坚定影响了全船。人们开始镇静下来。许多旅客开始下舱去取救生衣和救生圈。报务员紧急发出求救信号："SOS……遭鱼雷的袭击……严重倾斜……立即赶来……旧金塞尔角南面。"

船身越来越倾斜，严重地影响了救生艇的下水工作。悬挂在吊架上的右舷救生艇紧贴着船身，艇上的人用船桨或用双手使劲地推着，用尽浑身的解数，也只能在船壳上划出几条浅浅的痕迹。有两只救生艇勉强下水后，艇身也开始开裂，海水不断地渗入，救生工作极其艰难。

无线电收发室里，两位年轻的报务员尽管怀疑这微弱的无线电波是否会有人收到，但还是镇定地继续发出遇难消息和求救信号。旧金塞尔角无线电站在最后的时刻收到了"卢西塔尼亚"号的呼救讯号："船身倾斜加剧，紧急求救。"

下午2点15分，即轮船被击以后的第7分钟，"卢西塔尼亚"号遇难的消息传到旧金塞尔角英国海军司令部。拖船"斯托蒙科克"号、"沃里尔"号立即解缆出航。拖轮"布罗克"号和"布雷德福"号抛下正在托运的运煤驳船，掉头向出事地点开去。3艘鱼雷艇也开足马力向"卢西塔尼亚"号急驰而去。50海里外的"印度帝国"号客轮等船也先后奔赴出事地点。

尽管有好几艘救护船接到消息后朝"卢西塔尼亚"号驶来，但此刻"卢西塔尼亚"号已经濒危。

船尾越来越高，忽然间骤然下沉。一个巨浪从后面向船扑过来，把整条船连同人们绝望的尖叫声一齐席卷而去。"卢西塔尼亚"号没有来得及等救援船赶到，头朝下地向海底滑去，留下一个巨大的旋涡。接着从旋涡中又漂浮出淹死的人和挣扎着的人。

8只侥幸脱险的救生艇载着得救的人向海岸划去。有些因无法堵住漏洞而逐渐沉没。一些翻了身的救生艇上爬满了人。这是大海中的岛屿，爬上去就有了生的希望。有些刚刚爬上又被后来者拖下水。在大海中游动的人也有不少被快淹死的人拖入海底。

假如这时候有救护船赶到，起

海洋中的岛屿

码有几百人可以生还。遗憾的是，它们连影子也没有出现。现场只有一条小渔帆船，由于一丝风也没有，它毫无办法，只能远远地看着遇难的人无力地呼叫着，呻吟着，挣扎着，最后因筋疲力尽而消失。

特纳船长和安德森一起被旋涡抛出驾驶台，又幸运地涌出海面。他抓住一根木桨，后来又抓到一把木椅，在海面上漂浮了 8 个多小时以后获救，安德森却消失得无影无踪。救护船只赶到时，活着的人已经寥寥无几。海面上漂浮着成百具尸体。“卢西塔尼亚”号上 1969 名船员和旅客中，有 1198 人无辜地死去，其中有近百名是儿童和婴儿。这便是德国法西斯 U–20 潜艇两枚鱼雷在人类航海史上所造成的一幕惨不忍睹的悲剧。

“俾斯麦”号的沉没

1941 年 5 月 27 日，北大西洋海面上炮声隆隆，硝烟弥漫。一艘漆有白色符号的巨舰像一头斗红了眼的巨兽，怒吼着将一串串炮弹射向包围它的猎手们——英国皇家海军的数艘战舰。猎手们在缩小合围的同时，用绝对优势的火力将它打得遍体鳞伤。曾经不可一世的战舰在绝望的挣扎中，终于倾斜舰体，缓缓地沉入大洋。在英国水兵的欢呼声中，英舰队指挥官按捺住兴奋

德国“俾斯麦”号

的心情，开始起草电文：……1941年5月27日上午10时40分，“多塞特郡”号击沉德国战列舰“俾斯麦”号……

一代巨舰“俾斯麦”号沉没了，这恰似一盆冷水兜头浇在纳粹德国头子们的头上。他们万万没有想到，号称全欧洲最强大的战舰居然被英国人打沉了！尽管它装备了4座380毫米口径的重炮，尽管它漆上了那两个巨大的、在帝国军人心目中是如此神圣的徽章……

1941年5月19日，“俾斯麦”号在狂热的第三帝国军号声中起锚，离开波兰格丁尼亚港，由巡洋舰“普林斯·奥根”号引航，向北大西洋行进，妄图用它那4座巨炮打断英国“海上生命线”——商船队。英国海军获悉后，立即紧急部署，组成了以航空母舰“皇家方舟”号和“胜利”号为首的包括十几艘大小战舰在内的打击力量，决定给“俾斯麦”号以迎头痛击。果然，“俾斯麦”号刚驶过丹麦海峡，便与英舰队遭遇。由于使命在身，德舰不敢恋战，企图在浓雾的掩护下溜之大吉。不料，英舰队却在先进雷达技术的帮助下紧追不舍。同时，部署在冰岛南部沿海的英战列舰“威尔士亲王”号和“胡德”号巡洋舰也向西疾驰，进行堵截。英“胜利”号航空母舰接到命令后，率“乔治五世”号战列舰加入角逐。5月24日晨5时35分，“威尔士亲王”号发现德舰，立即向它开火。“俾斯麦”号用大口径舰炮进行还击，并直接命中英“胡德”号弹药舱。英船顿时爆成一个大火球，并迅速沉没，舰上1419名船员中仅3人逃生。而“俾斯麦”号则被“威尔士亲王”号击中舰首，丧失了近1000吨宝贵的燃料，船速也减少了两三节。但德舰依仗重炮和厚实的装甲杀出一条血路，逃之夭夭，随后继续它的使命，并准备驶回法国进行维修。但由于燃料的损失，“俾斯麦”号不得不冒着与英舰队再次遭遇的危险，选择了一条笔直的航线。5月26日，一架英国侦察机发现了它，为了防止其进入德国空军的保护范围，从英航母“皇家方舟”号起飞的鱼雷轰炸机不顾一切地对“俾斯麦”号进行拦截，其中3枚鱼雷击中德舰。这一打击虽然对“俾斯麦”号舰体损害甚微，但其中一枚却击毁了它的尾舵，使德舰在风浪中行驶更为艰难。面对英舰队的合围，“俾斯麦”号束手无策。

5月26日夜，对“俾斯麦”号全体舰员来说是最恐怖的一夜。他们怎么也想不明白，四周哪来这么多英国人，从海里冒出来的吗？英舰队的狂轰滥炸使德舰的火控系统发生了故障。碰巧，天公不作美，强劲的西北风使德舰举步维艰。英国人真是占尽了天时地利。“罗德尼”号和“乔治五世”号发射的355毫米和406毫米的炮弹命中德舰左舷。“诺福克”号和“多塞特郡”号又击中其右舷。这一夜火光冲天，炮声隆隆。当第二天来临时，惊恐万分的德国水兵发现他们曾引以为豪的战舰被打成一堆烂铁，指挥官不得不下令弃船。这时，“多塞特郡”号又发射3枚鱼雷，终于，在这天上午10时40分，“俾斯麦”号开始缓缓下沉，消失在硝烟弥漫的海面上……

“俾斯麦”号沉没了，悲剧性的命运也随之结束了。

哈利法克斯海域大爆炸

第一次世界大战期间，远离欧洲战场的加拿大也莫名其妙地燃起了战争的硝烟。这是一次意外事故，而实际上造成这场灾难的罪魁祸首也是这场惨绝人寰的战争，是缘于一批途经欧洲战场的高能爆炸物在途中爆炸。爆炸是一艘名叫“伊莫”号的挪威船引起的，这艘船在第一次世界大战期间被比利时政府租用。

1917年12月6日，“伊莫”号起锚驶往欧洲，满载着游客在加拿大海域行驶。上午8时40分，它已匀速驶进哈利法克斯和贝尔福德之间的海峡。这时，迎面有条船开来，

加拿大的海边

这是从纽约开来的“勃朗峰”号货轮，上面装运着数千吨运往欧洲战场的烈性爆炸物：前舱装着易燃性化学制品，中舱还装着数十桶汽油，后舱是3000余吨的梯恩梯炸药，这是一枚航行的“巨型炸弹”。两艘船从相反的方向缓慢靠近，双方都开始鸣笛示意。

两船相遇，在航行中原本是很正常的事情。奇怪的是，“勃朗峰”号引水员突然发现情况不妙：“伊莫”号莫名其妙地偏离了航向，与自己的船走到同一条线上来了。“伊莫”号借着惯性像头笨重的大象“吱吱嘎嘎”地撞了过来，它的船头居然把“勃朗峰”号的右舷扯开了一个大口子，很快，汽油从倒地的桶中溢出，流进了装有化学制品和火捻的船舱，立时引起了熊熊大火。

“勃朗峰”号船长明白这意味着什么，要想扑灭烈火根本不可能。他率领水手纷纷跳上救生艇，疯狂地向岸边划去。靠岸后，船员们手抱着头，一路号叫着钻进附近森林。

这艘危机四伏的“勃朗峰”号在被撞后的17分钟，终于发生了一场惨绝人寰的大爆炸。这是历史上最严重的爆炸事件之一。巨大的爆炸声甚至在约70千米以外的特鲁罗都能听到。海港城市哈利法克斯的一半几乎被夷为平地，房屋、人、牲畜在猛烈的震动中被气浪抛向天空。“伊莫”号在相撞后冲向对面的达特茅斯海岸，在爆炸的强大冲击波作用下从水中掀起又落下。船上的不少货物和船员都被抛向空中，在约3000米之外才纷纷坠地。海峡两岸的里士满和达特茅斯有500多名学生正在教室上课，结果只有10个人幸运地活下来，其余全部被砸死在倒塌的教室里。

在里士满一座古老而华丽的王后饭店，人们正在大厅里饮茶小憩，爆炸的剧烈震动把他们从椅子上掀到半空。饭店里的一些职员歇斯底里地大叫：“德国飞船！德国飞船！”几个月来，他们一直担心德国可能会横跨大西洋进行空袭，没有想到等来的是这样一次莫名的灾难。

整个哈利法克斯像被轰炸过一样，许多房屋都变成了瓦砾堆。市民有的丧生于瓦砾堆中，有的被炸得血肉横飞，城里的历史名胜毁坏殆尽。用花岗石建成的气势雄伟的多来尼大厦连同它那价值连城的印第安艺术宝藏一起在爆炸声中化为灰烬，随风飘去。有100年历史的省府大楼、雕梁画栋的大戏院、庄严肃穆的古老教堂等一座座精美的古典建筑都毁于一旦。

爆炸之后，海峡两岸都引起了熊熊大火，往日和煦的海风此时似

加拿大古老的建筑

乎也变得凶残起来。猖獗的大火使哈利法克斯丧失了自卫能力，浓浓的黑烟弥漫在整个城市的上空，数千米以外都能看得见。

大爆炸使得成千上万的人流离失所，无家可归。哈利法克斯其他几个未遭劫难街区的饭店和旅馆纷纷打开门，为横空遭难的市民提供免费食品，几家药店也都来帮助近万名受伤的居民。一夜之间，哈利法克斯成了一座互助互爱的“同志之城”。人类的友爱拂去了灾民心中的绝望和痛苦，为他们点燃了重建家园的希望之火。

“恺撒”号大爆炸

“朱利叶斯·恺撒”号是意大利海军的一艘战列舰，它建造于1910年，从1913年11月23日开始在意大利海军服役。1913～1917年，经过重新整理的“恺撒”号成为第二次世界大战中意大利海军的主力战舰，在战争中屡立战功。奇怪的是，这样一艘声名显赫的战舰没有在战争中阵亡，反而在战后的和平年代因不明原因而沉没。

事情要从第二次世界大战结束后说起，当时，意大利以战败国的身份将“恺撒”号战列舰送给了苏联，作为战争的赔偿。1949年2月，“恺撒”号在阿尔巴尼亚正式挂起了苏联国旗，从此成为苏联海军的一员。

1955年10月28日下午6时15分，满载着苏联士兵的“恺撒”号在驶回苏联的途中，在塞瓦斯托波尔北地湾抛锚停船。由于这些士兵们是第二次世界大战后第一次要回到祖国，所以他们异常兴奋。军官们体谅士兵的思乡之情，决定在第二天凌晨换防，好让这些士兵早日

意大利建筑

返回故乡。

次日凌晨，“恺撒”号按计划开始换防，舰上的50名军官和1600名士兵依次办理交接手续。不久之后，大约是凌晨1时，“恺撒”号舰首突然发生爆炸。一声巨响之后，舰体在不时的颠簸和抖动中开始向左倾斜，甲板上的灯光也因线路被炸毁而熄灭。此时，舰上已经是一片混乱。有的人被眼前的情景惊呆了，有的人在黑暗中四处乱跑，更多的人则不知发生了什么事。最不幸的是在甲板上和甲板周围的水手，他们中的不少人被突然的大爆炸炸伤，有些人甚至被当场炸死。

舰长米哈伊尔·尼基坦科亲自用无线电向舰队总部及海上救助，打捞机构汇报了“恺撒”号的爆炸情况，并向他们请求紧急救援。对话完毕，值日官跑来报告：舱内已经进水1000多吨！

这时，水兵向舰长报告，扩音系统已经修复。尼基坦科稳定了一下自己的情绪，拿起话筒向全舰所有人员宣布命令：“全舰现处于紧急状态！大家把受伤的水手转移到船尾！”

凌晨1时39分，第一艘救援的汽艇船赶到现场。在舰长尼基坦科的指挥下，它靠近“恺撒”号的尾部，将等在那里的100多名受伤的水手救走。此时，“恺撒”号的前底舱几乎已经完全被海水灌满。尼基坦科一面命令水手将舰上所有的储备物品抛入海中，用以减轻舰体的重量，延缓沉船的时间；一面派出一部分水手去排水、堵漏，尽量维持目前的局势。然而，由于舱内进水太多，舰首已严重下沉，排水工作进行得非常艰难。见此情景，舰长做出一个新计划，他命令舵手调整舰体的方向，与海岸线形成垂直角，这样“恺撒”号的舰尾也许可以搁浅在近海的浅滩上。但是，由于爆炸和进水，舰上的一切操作系统均已失灵，“恺撒”号实际上已无法控制。要想实施这一方案，只有等待救援拖船的到来。

汽艇

凌晨1时50分，多艘救援船只赶到了现场。一艘拖船靠近了“恺撒”号的左舷，另外几艘救援船停在“恺撒”号右舷被炸开的洞口附近，协助水兵们向外排水。这时，舰长尼基坦科命令拖船拖转“恺撒”号实施先前的方案。可是，刚刚登记的“恺撒”号的舰队总指挥却制止了这一行动。他认为此时拖转“恺撒”号非常危险，只有全力排水才能使“恺撒”号脱离险境。在他的命令下，水兵们只得在“恺撒”号上继续进行先前的排水工作。客观地说，此时的“恺撒”号已经回天无力。

数小时以后，在多方的共同努力下，“恺撒”号的情况不但未能好转，反而不断恶化。3时55分，眼见“恺撒”号必沉无疑，舰队总指挥命令舰上的全体人员弃船。此时舰上还有1000多人，他们接到命令后，立即开始有秩序地撤离。谁也没有想到，灾难在此时突然降临——“恺撒”号加快了沉没的速度，迅速地向海水中翻沉。舰上人员要想全部安全地撤离，只剩下20分钟时间，这对于1000多人来说根本不够用。在“恺撒”号舰体完全翻倒的那一刻，舰上仍有一半以上的人员没有来得及撤离。为了不落入海中，他们曾试图抓紧甲板，但在大海的威力面前，这终究无济于事，大部分人还是被巨大的引力吸入了海中。在这种情况下，只有很少人死里逃生，大多数人在落海的一瞬间就已被海水击死。

4时15分，“恺撒”号彻底沉入了海底，这场悲剧此时才宣告结束。在这次海难中，共有600多人死亡，数百人受伤。

事后，苏联政府就此事展开了调查，他们怀疑“恺撒”号是被人炸沉的。在他们众多的怀疑对象中，最可疑的就是前意大利法西斯特别舰队的司令官粟尔盖塞王子。这个王子是一个狂热的君主主义者，在第二次世界大战期间，他曾经组织炸沉了英国皇家海军的“勇敢者”号、“伊丽莎白”号以及另外一艘英国巨型油轮。然而，查无实据，并没有直接的证据显示粟尔盖塞王子与“恺撒”号的沉没事故有关。

后来又有人发现，在“恺撒”号出事的前一天，美国的战列舰“新泽西”号和15艘驱逐舰进入了位于黑海沿岸的土耳其伊斯坦布尔港，与停泊在塞瓦斯托波尔港的“恺撒”号隔海相望。两天后的10月29日，美国的航空母舰和驱逐舰也来到这里集结。鉴于1955年是美、苏两国冷战最激烈的时期，美舰当时的行动耐人寻味。它们是不是为“恺撒”号而来呢？“恺撒”号的沉没是否与它们有关呢？没有人能回答这些问题，这成了悬在人们心头永远的疑问。直到今天，“恺撒”号沉没事故的真相仍是一个谜。

“富兰克林”号冲出火海

美国“富兰克林”号航母在太平洋战争中，经历了一次灭火抗沉、死里逃生的战斗考验，留下了不朽的英名。

1945年春，太平洋战争接近尾声，美军取得了菲律宾战役的胜利，准备发动“冲绳战役”。3月18日凌晨，大批美机离舰升空，前去袭击九州南面的陆上机场。

而日本航空舰队发现美国庞大舰队的临近，也在这天凌晨起飞193架飞机去袭击美国航母。

19日早晨，天刚刚亮，灾难就降临到“富兰克林”号的头上。日本机群蜂拥而来，而“富兰克林”号此时正好处在云层遮掩之中，对空中目标观察困难。突然间，云层中钻出一架双引擎彗星舰载俯冲机，猛地向“富兰克林”号扑来，敌机在30米高度上，投下两枚250千克的炸弹，炸弹像钻头一样钻过76毫米甲板，在机库内爆炸，将准备起飞的飞机炸得满天飞，机库立即燃起烈火。巨大的爆炸形成强大气浪，火焰又冲向甲板，烟柱冲上空中30多米。

“富兰克林”号此刻所有准备起飞的舰载机，都装满了油，挂满了炸弹和鱼雷，烈火引燃了飞机上的燃油，又引起飞机上的炸弹、鱼雷接连爆炸，使数十架飞机变成碎片，两部升降机被炸坏，大火和浓

菲律宾海域

船舶螺旋桨

烟笼罩着整个“富兰克林”号。顷刻间有数百人丧生,舰体开始倾斜,烈火在舱内蔓延,舰上的炸弹库、鱼雷库也不断地开始爆炸。

编队指挥员下令“富兰克林”号舰长盖尔斯,可以弃舰。但盖尔斯相当镇静。他一面命令往弹药库注水,控制爆炸,一面回答舰队司令:只要提供空中掩护、水面掩护和支援,“富兰克林”号还有希望。舰队司令立即同意他的请求。

“富兰克林”号航母爆炸发生后,水兵唐纳德·加里和大约300人被困在第5层甲板下的舱室里,巨大的爆炸切断了他们上来的通路。到处是断裂的钢板,到处是呛人的浓烟,电灯熄灭,一片漆黑,通信中断。加里带着一部分人,在烟火中寻找逃生的出路,可是眼巴巴过去2个小时,既找不到出口,又失去联系,死神向他们走来。

加里没有等着死神来拥抱,突然想到,冲进来的浓烟是从排烟管而来,那烟管是通舱外的,这是唯一逃生的希望。他摸索着站了起来,穿过呛人的浓烟,寻找有新鲜空气的通道,这样的通道一定在烟囱附近。

加里冒着一阵阵冲来的高温热浪,用手探摸着,手指不时被烧红的铁板烫得发焦。他终于找到了通风道,这里紧靠烟囱壁,钢板已经发烫。加里在那里吸了几口空气,冒着被烧死的危险,钻进了通道。他忍着痛,顺着通道爬过5层甲板,终于从一个炸裂破洞中钻到了上层甲板,这里刚好是安全的炮台。

海湾

加里抬头一看，甲板上到处在爆炸，到处被浓烟烈火吞噬，根本看不到人,也无法跟抢救队员联系。时间就是生命，五层甲板下的战友生命危在旦夕，唯一能依靠的是他们自己！

加里当机立断，吸了几口新鲜空气，又冒死沿着通道钻了回去，找到那300名战友，他大声地呼喊着：跟我来！我找到一条通道了！只要大家忍住浓烟和高温灼烤，就一定能逃出去！

加里三次返回通道，把战友们全部带了出来。他在火海浓烟中，为“富兰克林”号创造了奇迹，为美国水兵写下了英雄传奇故事。

舰队司令已经听到6次大爆炸的巨响，他以为这下子“富兰克林”号完蛋了，一定沉没了。

9时30分，“富兰克林”安静下来，锅炉停止了工作，螺旋桨再也不动弹了。舰体右倾更加严重，已经接近海面了。巡洋舰从左舷拴上钢索，开足马力向后拉，这才制止了“富兰克林”航母继续向右倾斜。

盖尔斯舰长坚持自救，动员全体官兵奋力扑灭大火，渐渐起了作用。尽管火还在燃烧,小的爆炸不断，但基本控制住航母不再倾斜，弹药库已注水。在5艘驱逐舰和巡洋舰的拖带护送下，“富兰克林”号一边修理，一边被拖回到乌利西环礁基地。

“阿波丸”被炸始末

1945年2月11日，苏、美、英三国首脑签订《雅尔塔协定》。协定的主要内容是：在德国投降及欧洲战争结束后两个月或三个月内，苏联将参加同盟国方面对日作战。

正是在这样的国际大背景下，“阿波丸”作为最后一艘从东南亚返回日本的客轮，被渴望回国的日本人视为“诺亚方舟”，就显得毫不过分。

当“阿波丸”鸣响汽笛，缓缓驶离新加坡，船上的每一个人都有一种解脱之感。

作为太平洋上唯一一艘有安全承诺的日本客轮，“阿波丸”也是归心似箭，始终保持着16 ~ 18节的速度，向目的地驶去。

可是，刚离开新加坡，“阿波丸”上的乘客的心弦尚未彻底放松，就又绷紧了。下田勘太郎回忆说,“阿波丸”一离开新加坡，便有美国飞机出现,进行擦着桅杆的低空飞行，使人心神不定。第二天，美国潜艇开始尾随跟踪,常常忽地冒出水面，叫人心惊胆战。

按照航行计划，从新加坡到台湾海峡北部出峡口，也就是平潭海域，“阿波丸”需要跑三天。过了凶险的中国南海和台湾海峡，越过出峡口，驶入东海，北九州岛及其门司港指日可待。

4月1日，台湾海峡碧波如洗，风平浪静，滨田松太郎船长放下了久端的望远镜，朝身边的岩桥一男中将看了一眼，心里仿佛一块石头落了地。岩桥一男是日本第三船舶运输司令部参谋长，为了确保这次重要航次的安全，他亲自押船，几天几夜没合一眼。

然而，经验丰富的滨田松太郎却不知道，“阿波丸”之后，大海之下，一双鹰眼正在密切地注视着“阿波丸”的一举一动。

原来，编号为SS-393的美军“皇后鱼”号潜艇，正在执行第17机动部队司令官的作战命令，在东海深处进行攻击性巡逻。“皇后鱼”号潜艇艇长是查理·拉福林，1910年生于美国卡罗莱那州，19岁考入美国海军学院，曾作为篮球运动员参加全国比赛。1933年毕业，到新墨西哥号战列舰上服役。1938年，进入美国潜艇学院进修，之后，到潜艇部队服役。1944年，由于战功突出，拉福林少校被提拔为“皇后鱼”号潜艇艇长。

新加坡的鱼尾狮

第二次世界大战期间，美军都是根据情报部门提供的情报，再派遣潜艇到目标海区执行“猎杀”任务。潜艇进入任务区，由艇长独立指挥。

1945年3月10日，“皇后鱼”号和僚艇“海狐”号一起前往台湾海峡，半个月时间里，没有攻击任何舰船。直到4月1日12点，“海狐”号报告说，它用鱼雷对一艘日本运输船进行了攻击。由于牛山岛海域地处台湾海峡咽喉地带，距离日占区只有18海里，它的攻击行动可能引火烧身，遭到日军反潜军舰或飞机的攻击。“皇后鱼”号随即拉响战斗警报，做好了作战准备。

21时15分，牛山岛海域大雾时浓时淡，“皇后鱼”号乘着夜色浮出海面，低速巡逻。拉福林意识到，这种天气极容易掩护敌人的行踪，因此，他命令部下利用声呐，仔细搜索一切可疑目标。

22时，声呐员报告，在“皇后鱼”号约15千米的东南方向，发现了一艘疑似日军战舰。22时25分，“皇后鱼”号向僚艇作了通报。

从潜望镜里可以看见，目标很大，速度很快，但是因为海雾的缘故，它时隐时现，模模糊糊，看不真切。

“皇后鱼”紧盯着目标舰艇，保持着一两千米的距离。拉福林也不敢让潜艇靠得太近，如果真是日本军舰，一旦靠近，岂不是自寻死路？

据事后陈述，为了慎重起见，拉福林发出了“停船接受检查”的命令，目标舰艇没有任何反应。

拉福林以为对方没有听懂自己的意思，又用国际语连续发布了两次命令，目标舰艇仍然不予理睬。

你知道吗

什么是国际语

国际语，是人们为了解决不同民族间因语言不通而造成的交流问题，而希望创造的一种国际通用的人造语言。国际语理想由来已久，较早想到过世界性人造语言的人是欧洲文艺复兴时期的英国哲学家培根、法国科学家笛卡尔以及德国哲学家莱布尼茨。影响较大的方案有1887年波兰人柴门霍夫创造的世界语以及中国语言学家何亚福先生于2002年7月提出的世界大同语等。

拉福林被激怒了，命令部下：“加速，追上去！”

目标舰艇见势不妙，非但不停，反而加速前进，企图甩掉“尾巴”。

“22时59分，月亮从云层后面爬出来，但海面仍然被浓雾掩盖。视线范围仍为183米左右。”

23时，在距离目标舰艇约1100米时，拉福林下达了攻击命令。“在贴近敌舰开始用鱼雷攻击时，瞭望台的瞭望士官、后方瞭望台的士官、轮舵手以及艇长想辨认敌舰的型号，但最终没有能够确认。”

“皇后鱼”使用尾部发射管，连续发射了4枚鱼雷。4枚鱼雷就像“击鼓传花”那样，依次爆炸，全部命中目标。“3分钟后，看到第一发鱼雷爆炸的火光，并听到了爆炸声。接着，后发鱼雷接连爆炸，爆炸的火光在雾中清晰可见。23时05分，此时，所显示的敌船信号声消失（目标消失），意味着敌舰在第一发鱼雷命中3分钟后沉没。”——拉福林回忆说。

拉福林对巨舰瞬间沉没，颇感意外。他一边命令向上级发报报捷，一边指挥潜艇上浮，火速驶往舰沉海区，看看能不能抓几名俘虏，进一步扩大战果。

“皇后鱼”仿佛一条巨鲨，迎风斗浪，一根烟工夫，就快速赶到。探照灯白色的光柱扫过海面，敌舰的身影全无，海面上，油迹斑斑，经过灯光照耀，闪射出诡异的五颜六色；木板、家具、衣服、成捆的橡胶，在波涛里上下沉浮，有20多个幸存者相继招手呼救，等救生索抛过去，一阵海浪卷过，人头转眼间不知去向。海浪大，海水凉，水中又有油花，幸存者手脚僵硬，浑身沾满了重油，很滑，即使看见救生圈，也难以抓得住；勉强抓住了，也抓不紧，一拉就“脱钩”。

就在大家失望的时候，又看见潜艇不远处有个幸存者，像醉汉似的，在波涛间摇晃着呼救的手臂。艇员们立即将救生圈抛了过去，他似乎还比较有经验，憋了一口气，看准时机，一把抓住，并乘机死死地抱在怀里。艇员们一起用力，把救生索往回拉，可是，海浪卷过来，卷过去，幸存者在波浪的“秋千”上荡来荡去，就是拽不上潜艇。幸存者喝了一口又一口海水，奄奄一息，手脚越来越显得僵硬而不听使唤，一个浪头压过来，他手一松，沉入海中。艇员们深感惋惜，又一排海浪像无数只手臂，把幸存者托出海面，并拼命地摔到潜艇上，艇员们眼疾手快，抓住他的衣服，连拉带扯，把他拖上了前甲板……

美丽的台湾海峡

“当时，他已经筋疲力尽，处于昏迷状态。过了一会儿，他稍稍清醒。问他是否懂英语，他点点头，但是却不能清楚地回答提问。因此，把他带到舰艇内进行治疗。”

等到4月2日6点10分，“皇后鱼”号已经脱离战场，幸存者神志基本清醒了，经过讯问，他交代说，自己名叫下田勘太郎，被击沉的大船名字叫“阿波丸”。

两伊交战，海湾油轮屡遭难

1980年秋，伊拉克、伊朗发生边界武装冲突后，战火很快波及海湾（波斯湾的简称）。一时间，海湾烽火迭起，弹雨横飞。

你知道吗

海湾战争

海湾战争，1991年1月17日至2月28日，以美国为首的多国联盟在联合国安理会授权下，为恢复科威特领土完整而对伊拉克进行的局部战争。1990年8月2日，伊拉克军队入侵科威特，推翻科威特政府并宣布吞并科威特。以美国为首的多国部队在取得联合国授权后，于1991年1月16日开始对科威特和伊拉克境内的伊拉克军队发动军事进攻，主要战斗包括历时42天的空袭，在伊拉克、科威特和沙特阿拉伯边境地带展开的历时100小时的陆战。多国部队以较小的代价取得决定性胜利，重创伊拉克军队。伊拉克最终接受联合国660号决议，并从科威特撤军。

城门失火，殃及池鱼。两伊袭击的不仅是对方的船只，更多的则是海湾其他石油输出国和欧洲、拉美等国船只。其中受威胁最大的是“石油王国”——科威特。1987年3月，科威特政府向联合国安理会5个常任理事国求援，提出租用油轮、改悬国旗并请求派军舰直接为油轮护航。早有其意的苏联政府迅速做出响应，将3艘油轮出租给科威特，并派军舰为之护航。一向靠实力说话的美国，旋即宣布允许科威特的11艘油轮在美国注册，挂美国国旗，由美舰护航。这样一来，海湾的局势变得更加错综复杂。

5月初，美苏军舰陆续开赴海湾，这些现代化程度很高的驱逐舰、护卫舰昼夜游弋，预警飞机、军事卫星严密监视着海湾动态，大有大敌当前，一触即战之势。自恃高明的超级大国以为再也没有人敢在“太岁”头上动土了。

5月17日深夜，一件意想不到的事件震动了白宫：一艘正在海湾中部执行巡航任务的新式护卫舰——“斯塔克”号被一架伊拉克“幻影”式飞机击中起火，发生爆炸，50余名官兵伤亡。事后，虽然伊拉克总统承认“误击”，表示道歉，但这种“大水冲了龙王庙”的举动，又怎能弥合得了美国人心理上的创伤！

无独有偶，几小时前，苏联“朱可夫元帅”号油轮在驶往科威特途中被水雷炸伤，这使苏联人开始感到海湾并不是休养生息的地方。

不幸的消息使美苏领导人暴跳如雷，更使两国担任护航的舰队难堪。但不久，两国领导人怒气自消，因为他们既不愿意得罪任何一个石油伙伴，也不愿意让海湾轻易地落于自己的老对手——另一个超级大国的控制之下。正由于这一微妙动机，美苏首脑只好“雷声大，雨点小”，继续“忍辱负重”地履行护航差事。

美苏舰船遭袭事件，使得人们对美苏军舰的护航能力产生了怀疑。

一波未平，一波又起。6月26日，挪威、利比里亚各一艘20余万吨的超级油轮在科威特沿海遭伊朗炮艇袭击，3名船员丧生，船体受损严重；4天后，科威特一艘大型货轮被伊朗导弹击中；7月9日，美国一艘近30万吨的超级油轮被伊朗炮艇发射的火箭击伤；7月12日深夜，法国集装箱船“安特卫普城”号被几枚来历不明的火箭重创……

严峻的事实无情地嘲弄着两个超级大国——他们是如何护航的呢？

为挽回颓势，美国政府采取了三条紧急措施：迅速向海湾增派护航和扫雷舰只；改舰艇巡航为海空伴随护航，积极动员英、法、意、西德等盟邦派出扫雷和护航兵力。7月22日，美国驱逐舰“基德”号等8艘战舰首次为科威特11艘油轮担任伴随护航。位于阿曼湾的“星座”号航空母舰派出战斗机为护航队提供空中掩护。几乎同时，由苏联海军一批“克里互克”级导弹护卫舰护航的另一批油轮也起航离港。

7月24日清晨，庞大的美国护航队正行驶在法尔西岛以西16海里海面，突然“轰隆”一声，航行在最前面的41万吨油轮“布里奇顿”

夜景下的科威特

号左舷被水雷炸开一个大洞。顿时，船体剧烈震动，乌黑的原油如喷泉一样地从破洞中流出。

“我们被炸了！我们被炸了……”在“布里奇顿”号上押运的美国海军上尉沃格尔用高频电话向“基德”号报告，顷刻间，护航队出现了骚动。具有讽刺意味的是，8艘护航舰无一艘去编队前方探路引航，而是相继航至“布里奇顿”号后面，把这艘体积大、吃水深的巨轮当作“挡雷牌”。

虽然，自7月30日起，法国“克莱蒙索”号航母编队，英国、意大利护航扫雷队，美国直升机航空母舰“瓜达尔卡纳尔打”号和战列舰“密苏里”号等舰相续开往海湾，摆出了要在海湾决战的架势，但这些国家的用心和微妙处境早被伊朗和伊拉克窥出端倪。两国继续不定期地布雷，不时地进行海空袭击战。

8月10日，美国军舰护送的第二批油轮又有一艘在阿曼湾触雷；15日，美国供应船“阿妮塔”号在航行中触雷爆炸，不久沉没，4名船员失踪；18日，利比里亚籍“奥斯科塞拉”号油轮在卡塔尔以东遭一艘不明国籍的炮艇袭击，使几千吨原油外溢。9月19日，伊朗炮艇用火箭击伤了一艘英国油轮，一名船员在烈火中烧死。不久，“油轮战”进一步升级，仅9月底一周的时间里，伊拉克袭击了8艘油轮，伊朗海空军击中了5艘船只。

剑拔弩张的美国军舰一直寻机打击伊朗。9月21日，一架武装直

曾经的海湾战争

升机击沉一艘伊朗巡逻艇；10 月 9 日，美舰又将 3 艘伊朗炮艇击沉。不甘示弱的伊朗卫队则一举击落击伤美机各一架，击伤军舰一艘，部署在霍尔木兹海峡的“蚕”式导弹更是整装待发，由 2500 名卫队成员组成的敢死队准备以各种方式袭击美国军舰……

眼看一场世界性的军事争端将在海湾爆发，国际社会的外交调解在紧张进行。联合国秘书长德奎利亚尔几次周旋于两伊，奉劝双方罢战言好；各国领导人发表声明和谈话，呼吁以公正立场解决两伊冲突，敦促两伊全面执行安理会“598”号决议，广大第三世界国家强烈谴责超级大国干涉海湾事务……在强烈的舆论压力下，海湾的战火才暂告缓和。

“彩虹战士”号被炸风波

1985 年 7 月 10 日深夜，新西兰的奥克兰港经过一天的吵嚷之后，渐渐恢复了宁静。当指针指向午夜零点时，突然“轰”的一声巨响，打破了奥克兰港区的宁静。

在酣睡中被惊醒的人们，不知发生了什么事情，慌忙抓起衣服往外跑。人们纷纷涌上甲板，呼叫声、

新西兰海岸

惊愕声、哨声、汽笛声交织在一起，响彻夜空。数十只强光探照灯来回转动，相互映照，更加强化了紧张、恐怖的气氛。就在这时，又是一声“轰”的巨响，而这一次的响声远远超过了第一次。人们在慌乱中看见一只巨大的船体在剧烈晃动之中沉向海底，而且下沉速度之快，简直让人难以置信。

几分钟后，伴着警笛的呼叫声，奥克兰警察局几十名全副武装的警察风驰电掣般来到港口。一辆辆警车还未停稳，警察已纷纷跳下车来。他们迅速封锁现场，分头勘查，很快通过无线电话向总部报告：国际性环境保护主义组织——绿色和平运动租用的一艘名为“彩虹战士”号的船只被炸，一名船员、一名葡萄牙籍摄影师佩雷拉遇难。警察总部听完汇报，下达命令：对港区实

行戒严，封锁海面，继续勘查，随时向总部报告。

1970年，加拿大、美国一些环境保护方面的专家、学者以及热衷环境保护的知名人士倡议、发起、成立了绿色和平运动组织，总部设在新西兰。这个组织的宗旨为：反对污染环境、反对进行核试验、反对运输遗弃核废料、反对捕杀鲸鱼。该组织自成立以来，在世界各地通过各种方式积极宣传自己的主张，频繁开展活动，使得越来越多的人了解它、支持它，从而发展成为拥有501个成员的知名度较高的国际性组织。“彩虹战士”号是绿色和平运动组织长期租用的活动船只，是一艘长48米、自重约449吨的平底船。

“彩虹战士”号被炸一事，不仅震动了奥克兰市，也惊动了新西兰全国。新西兰总理兼外交部部长戴维·朗伊总理获悉消息后，意识到此事件非同寻常，立即召集有关方面重要人士参加紧急会议。紧急会议做出了这样的决定：由全国警察总署抽调侦破专家协助奥克兰警察局，不惜一切代价，以最快速度缉获凶手归案。

朗伊总理亲自召集的紧急会议一结束，有关各方立刻开始行动。全国警察总署的案件专用电话响个

巴黎的埃菲尔铁塔

不停，来自各方的消息、情况、线索等源源不断地汇集到这里。

新西兰警方经过多方调查，获取了4条重要线索，而每一条线索都同法国有关。8月初，朗伊总理在听取“彩虹战士”号被炸的调查情况的汇报后，决定同法国政府联系，派警员到法国去调查，决心将此事查个水落石出。

8月6日，在征得法国方面同意后，新西兰调查小组一行数人来到巴黎，围绕“彩虹战士”号爆炸案展开了全面深入的调查工作。

舆论哗然，民情沸腾，对法国政府自然也是一种压力。8月8日凌晨，密特朗总统给总理法比尤斯写信，认为“彩虹战士”号被炸案是一起恐怖活动，是令人不能容忍的“犯罪行为”。

当天下午，法比尤斯总理任命行政法院大法官特里科负责全权调

查“彩虹战士”号事件。

法国特别调查小组在特里科率领下，马上开始紧张的调查工作。

经过18天紧张的调查工作，8月26日中午，法国公布了“彩虹战士”号被炸案调查报告。调查报告说，法国国防部获悉绿色和平运动组织要到穆鲁罗瓦岛开展抗议法国进行核试验的情报后，埃尔尼曾指示国外安全总局，密切注视绿色和平运动组织的活动，必要时可派人打入这个组织，收集情报。

调查报告提出的结论认为：国外安全总局派出的6名特工人员在监视“彩虹战士”号行踪时，“严格按上司指示行事的”，“没有越轨行动”。法国政府及其秘密情报部门没有涉足于“彩虹战士”号案件；法国领导机关没有下达过炸掉“彩虹战士”号的命令；法国国防部和国外安全总局在“彩虹战士”号事件上是“清白无辜”的。

8月27日，法比尤斯总理发表声明，强调法国没有参与“彩虹战士”号爆炸案，6名法国特工人员不是作案者；重申法国在南太平洋的穆鲁罗瓦岛进行核试验是法国主权范围之内的事情，其他人无权干涉。

可是，事情突然又起了变化。9月17日，法国最有影响、发行量最

法国的凡尔赛宫

大的报纸——《世界报》头版头条刊登该报记者就“彩虹战士”号事件调查的爆炸性新闻。该报认为：法国国外安全总局派遣的特工人员炸沉了“彩虹战士”号，国防部长埃尔尼、三军总参谋长拉卡兹可能是下达命令者，至少他们知道此事的详细经过和内幕情况。《世界报》素以态度严肃、消息可靠称誉国际新闻界，而且历来以维护政府利益著名。《世界报》发表这样的一条消息，影响之大是可想而知的。

9 月 22 日，法比尤斯总理在巴黎举行记者招待会，公开承认法国特工人员炸沉了“彩虹战士”号。随后，法、新两国就“彩虹战士”号事件经过多次不同级别的会谈，在事件发生后的一年，即 1986 年 7 月初，法、新两国达成妥善解决“彩虹战士”号事件的协议：法国向新西兰赔偿经济损失 700 万美元，并公开向新西兰道歉。

就这样，围绕“彩虹战士”号事件而引起的一场风波，终于平息了。

你知道吗

什么是特工

特工又称秘密警察、政治警察，他们通常以秘密方式执勤，针对国内威胁，以保障国家安全为目的。秘密警察的目的不是维持法律秩序，而是维持当政政府免受攻击，并且经常用作政治迫害的工具。